R. EL. CHALAMET

L'ANNÉE PRÉPARATOIRE

D'ÉCONOMIE DOMESTIQUE

A l'usage des écoles de filles

Récits

Préceptes

Résumés et Devoirs

Gravures

Armand COLIN et Cie

ÉDITEURS

du Cours d'Instruction morale et civique PIERRE LALOI.

R. EL. CHALAMET. — *La Première année d'Économie domestique.* 1 vol. in-12 cartonné, avec gravures.. **1 10**
— *Le même.* Livre du Maître. 1 vol. in-12, cartonné.................... **2 50**

L'ANNÉE PRÉPARATOIRE

D'ÉCONOMIE DOMESTIQUE

MÉNAGE — DEVOIRS
DANS LA FAMILLE — CUISINE — JARDINAGE — BLANCHISSAGE
ENTRETIEN DU LINGE — COUTURE

OUVRAGE CONTENANT

Des Récits — des Préceptes — des Résumés
des Devoirs de rédaction — des Gravures

A L'USAGE DES ÉCOLES DE FILLES

PAR

R. EL. CHALAMET

PARIS

ARMAND COLIN ET Cie, ÉDITEURS

5, RUE DE MÉZIÈRES, 5

PRÉFACE

Le petit ouvrage que voici est destiné à servir d'introduction à la *Première année d'Économie domestique*.

Toutefois on a cru devoir, en raison de l'âge des élèves, se départir un peu de la forme adoptée pour la *Première année*. La place faite aux *préceptes* a été réduite; très élargie, celle des *récits* ou plutôt du *récit*, car il a paru qu'une histoire suivie exciterait davantage l'intérêt des petites lectrices

Pour le même motif, le récit a passé au premier rang; c'est par lui qu'on commence. Les préceptes ne font que résumer et condenser les connaissances pratiques introduites au cours de l'histoire de Rosine.

Ainsi faite, l'*Année préparatoire* se présente comme un livre de lecture courante plutôt que comme un manuel technique, un peu prématuré dans le cours élémentaire de l'école primaire.

On espère qu'il n'en plaira que mieux sous cette forme et l'on voudrait qu'il eût la bonne fortune d'être de quelque secours aux maîtresses, pour éveiller chez nos enfants ce goût des occupations et des devoirs du foyer, qui peut avoir sur leur avenir de femmes une si heureuse influence.

L'ANNÉE PRÉPARATOIRE
D'ÉCONOMIE DOMESTIQUE

LIVRE PREMIER

Occupations de la petite fille dans le ménage.

I. — ROSINE S'ENNUIE.

Il y avait une fois une petite fille qui s'ennuyait.

Cette petite fille s'appelait Rosine.

Comme ses parents étaient partis pour un très long voyage, on l'avait mise en pension.

Mais elle n'était pas à la pension le jour où elle s'ennuyait tant.

Une de ses tantes l'avait fait venir chez elle pour y passer les vacances.

Sa tante habitait un village. Elle avait une jolie maison toute simple, un grand jardin et une cour avec, tout autour, des étables pour deux vaches, un cheval, des moutons et des chèvres. Il y avait aussi des prairies et quelques bouts de champs de l'autre côté de la maison, qui était bâtie à l'entrée du village de Chardosset.

Rosine avait vu tout cela en arrivant, la veille, de sa pension. Mais elle ne s'intéressait pas beaucoup aux choses de la campagne.

Le matin, les poules et les pigeons l'avaient pourtant amusée quand ils se jetaient sur le grain qu'on leur distribuait. Par malheur, au moment où elle les regardait, un petit cochon était sorti d'une logette à porcs qu'il y avait aussi dans la cour ; il avait fait peur, le pauvre animal, à cette petite sotte de Rosine qui s'était sauvée dans le jardin.

C'est donc là qu'elle s'ennuyait, assise sur un' petit mur, les pieds pendants (fig. 1).

Je sais des enfants qui vont dire : « Voilà une drôle d'idée de s'ennuyer dans un joli jardin, au milieu des plantes, des fleurs, des abeilles et des papillons ! Cette Rosine était une petite niaise. »

C'est vrai. Rosine n'était pourtant pas inintelligente. Elle apprenait bien ses leçons à l'école. Seulement elle ne savait pas s'occuper, pas même s'amuser quand elle n'avait pas de camarades.

Or, la tante avait des enfants, mais ils étaient petits, petits ; le plus âgé avait cinq ans.

Mademoiselle Rosine, qui allait en avoir neuf, était une bien trop grande personne pour jouer avec des « mioches ».

Alors elle aimait mieux s'ennuyer sur son mur.

Fig. 1. — Rosine s'ennuie.

II. — Quelqu'un qui ne s'ennuie pas.

Comme Rosine, pour se distraire, battait le mur de ses talons, elle entendit quelqu'un marcher derrière elle.

Elle se retourna et sauta à terre.

Sous un grand chapeau de paille, elle vit la figure rouge de Nanie, la petite servante de la tante Berthier.

— Bonjour, mademoiselle Rosine, dit Nanie en montrant toutes ses dents (fig. 2).

— Bonjour, Nanie ! comme ça doit vous fatiguer de porter ce grand panier plein d'herbe !

— Dame ! c'est de couper l'herbe qui était dur sur-

Fig. 2. — Bonjour, mademoiselle Rosine.

tout, sous le gros soleil. Mais quoi ! c'est l'ouvrage ! Maintenant je vais me reposer à travailler à l'ombre dans la maison.

— Ça ne vous reposera pas de travailler, Nanie !

— Que si. On change de travail ; ça fait passer la fatigue. Ah ! puis, que voulez-vous, mademoiselle Rosine, il faut bien gagner l'argent que me donne votre tante. La besogne ne me fait pas de peine, allez.

— Alors, dit la petite, vous ne vous ennuyez pas, vous !

Nanie éclata de rire.

— M'ennuyer? Je n'ai pas le temps, bien sûr. D'abord une femme ne doit jamais s'ennuyer. C'est bon pour un garçon de trouver le temps long s'il est par malheur enfermé dans la maison. Mais une fille, allons donc! il y a toujours à faire!... Tenez, si j'étais à votre place, je m'amuserais de tout mon cœur ici.

Nanie regarda la petite fille d'un air un peu moqueur.

— Mais je ne sais pas à quoi m'amuser! dit piteusement Rosine.

— Ah! bien, par exemple, c'est moi qui ne serais pas embarrassée. Tenez, si j'ai fini de bonne heure ce soir, je vous montrerai à jouer dans ce jardin-là.

— Ce soir... c'est qu'il y a bien du temps d'ici à ce soir! Qu'est-ce que je vais faire tout le jour ?

— Ma foi ! cherchez bien. Moi, ce n'est pas ce qui me gêne, et je vais vivement faire ma besogne. Au revoir, mademoiselle Rosine.

Nanie reprit ses sabots, qu'elle avait quittés un instant pour se rafraîchir les pieds dans l'herbe verte, et elle repartit, son gros panier sur les hanches, en fredonnant* :

> Au point du jour je mène
> La, la, la! La, la, la!
> Mes vaches dans la plaine
> La, la, la!

III. — QUELQU'UN QUI SAIT S'AMUSER.

Pour attendre le soir, Rosine alla chercher un livre au fond de sa petite malle et se mit à lire sous un arbre comme une personne très grave.

Elle n'était pas fâchée de faire la grande demoiselle.

Il lui semblait que de rester assise sur une chaise, le nez dans son livre, cela devait la faire passer, aux yeux de ses nouvelles connaissances, pour quelqu'un d'extrêmement distingué.

Mais personne n'avait trop le temps, en vérité, de faire attention à Rosine.

Chacun était occupé dans la maison.

Au premier étage, la tante Berthier, un peu malade, restait dans sa chambre avec un poupon qui lui était né quelque temps auparavant.

Mademoiselle Sophie soignait la mère et le bébé et faisait la cuisine.

C'était une personne très capable, mademoiselle Sophie, la sœur aînée de madame Berthier. Elle était gouvernante* en Angleterre ; mais on lui avait donné quatre semaines de vacances et elle était venue les passer à Chardosset.

Dans la basse-cour*, une vieille journalière, nommée Mion, aidait Nanie à soigner les bêtes.

Cela n'empêchait pas la brave Nanie d'être très occupée.

Du fond du jardin, Rosine la voyait passer d'une chambre à l'autre, le balai à la main, ranger, replacer la vaisselle, s'occuper des enfants.

Non vraiment, elle n'avait pas une minute pour venir babiller avec Rosine, qui grillait d'envie d'avoir une camarade avec qui causer.

Plusieurs fois la petite Marthe, qui avait cinq ans, et Toinette, qui allait en avoir quatre, vinrent à la porte du jardin. Elles regardaient curieusement leur grande cousine de la ville ; elles auraient été bien contentes si Rosine les avait appelées.

Mais Rosine continuait sa lecture.

Ça ne l'amusait pourtant pas de lire ainsi tout le jour ! Seulement elle n'avait pas appelé les petites la première fois, et maintenant elle n'osait plus.

Quel soupir de satisfaction elle poussa quand Nanie vint lui dire :

— Là ! j'ai fini mon ouvrage. Votre tante me permet de venir vous trouver.

— Qu'est-ce que nous allons faire, Nanie ? s'écria joyeusement Rosine en fermant son livre.

— Dame ! dit Nanie, moi j'aimerais assez rester assise, car j'ai bien trotté tout le jour. Mais ça ne vous divertirait guère, vous. Voyons, qu'est-que vous aimez bien ?

A ce moment Marthe et Toinette arrivaient en courant.

— Nanie ! Nanie !

Elles sautèrent sur les genoux de la bonne fille.

— J'ai une idée ! dit celle-ci. Nous allons jouer à cache-cache dans le jardin.

— Oh ! oui, oui, crièrent les deux fillettes en frappant leurs petites mains l'une dans l'autre.

— Avec ces petites ? fit Rosine un peu dédaigneusement. Elles ne pourront pas courir assez vite.

— Qu'est-ce que ça fait ? dit Nanie. Nous les attendrons un peu. Quand on joue, il faut que tout le monde en soit. Allons, allons, venez vite.

Nanie prit les deux petites par la main.

— Nous allons montrer à votre cousine comme on sait bien s'amuser ici. Fermez les yeux toutes trois. C'est moi qui vais me cacher la première.

Les bons rires qu'on entendait dans le jardin cinq minutes après (fig. 3) !

C'était Toinette qui avait découvert Nanie, cachée tout près, tandis que Rosine la cherchait bien loin.

Puis, toutes se cachèrent à la fois et ce fut le tour de Nanie de chercher.

Cette Nanie, elle savait toutes sortes de manières pour que le jeu ne fût jamais la même chose.

Rosine, rouge et les cheveux ébouriffés, courait, riait, criait.

Mademoiselle Sophie appela :

— Enfants ! c'est l'heure du souper.

— Déjà ! s'écria Rosine. Oh ! Nanie, comme le temps passe vite quand on joue !

Nanie se mit à rire.

— Moi, je trouve qu'il passe toujours vite.

Fig. 3. — Les bons rires qu'on entendait dans le jardin !..

Elle remettait en ordre les cheveux des petites tout en continuant :

— C'est que, vrai, mademoiselle Rosine, je m'amuse presque autant quand je travaille que quand je joue. Si vous saviez comme c'est agréable de ne jamais rester sans rien faire, de se remuer, d'aller, de venir et de voir l'ouvrage qui avance ! Moi, ce qui m'ennuierait, c'est de rester tranquille sur une chaise comme vous avez fait tout l'après-midi. Avez-vous trouvé cela bien drôle ?

— Oh ! non, dit Rosine.

1.

IV. — ROSINE TROUVE UN MOYEN DE S'AMUSER.

A son réveil, le lendemain, Rosine pensa à la partie de cache-cache.

— Quel dommage qu'il faille attendre le soir pour recommencer ! Est-ce contrariant que Nanie soit occupée !

Elle se dit bien qu'elle pourrait jouer avec les petites. Mais sans Nanie ce ne serait plus la même chose.

La petite servante, avec son entrain, avait déjà tout à fait conquis Rosine.

Justement, elle passait sous la fenêtre, les manches retroussées, dans ses mains rouges une grosse toile à laver qu'elle venait de chercher sur une corde au jardin.

Elle chantonnait suivant son habitude. Rosine se pencha à la fenêtre.

— Qu'est-ce que vous allez faire, Nanie ?

— Oh ! oh ! quelque chose de beau, mademoiselle Rosine.

— Avec ce vilain carré de toile ?

— Oui bien. Je vais cirer la cuisine pour mademoiselle Sophie, quand elle descendra.

— Vous vous moquez de moi, Nanie.

— Non, du tout. Venez voir dans une demi-heure si le carreau de ma cuisine ne sera pas luisant à se mirer dedans. Vous pourrez vous y regarder pour faire vos frisettes.

— Est-ce que je puis aller vous voir faire tout de suite, Nanie ?

— Certes ! ça ne coûte rien.

Rosine ne se le fit pas dire deux fois.

Le carreau de la cuisine était déjà propre comme un oignon, bien lavé qu'il venait d'être à l'eau de savon noir.

Nanie, à genoux dans un coin, se mit à le sécher, puis à y passer, avec un tampon de vieux drap, un peu d'huile de lin.

Les briques devenaient brillantes à mesure qu'elle frottait.

Rosine pensa que ce devait être très amusant de faire reluire ainsi ces carreaux
rouges.

— Je voudrais
essayer de frot-
ter, dit-elle à
Nanie. Voulez-
vous ? Nanie se
releva en riant.

— Vous n'au-
rez pas peur de
vous salir les
mains, ni de
vous faire mal
aux genoux ?

Fig. 4. — Déjà sept heures et demie ! dit Rosine.

— Pas du tout, dit Rosine de l'air de quelqu'un qui n'a jamais peur de rien.

Elle se mit bravement à frotter à côté de sa nouvelle amie. Cela faisait bien un peu mal au coude. Mais, tout de même, les briques devenaient vraiment si jolies ! Et puis Nanie tamponnait d'un tel courage que Rosine aurait eu honte de n'en pas faire autant.

Un coup sonna à l'horloge.

— Déjà sept heures et demie ! fit Rosine (fig. 4).

— Comment, déjà ? dit Nanie. Mais je ne pensais pas avoir fini à l'heure du déjeuner et voilà que je suis en avance parce que vous m'avez aidée. Je croyais, moi, qu'il était plus tard.

Rosine fut enchantée que son aide fût appréciée par la jeune servante. C'est toujours agréable d'avoir fait quelque chose d'utile.

— Nanie, dit-elle tout à coup, si je vous aidais pour tout votre ouvrage, vous auriez peut-être plus de temps pour nous faire jouer le soir ?

— Certainement, assura Nanie.

V. — ROSINE REÇOIT DES COMPLIMENTS.

— Oh ! le magnifique carrelage, dit une voix derrière elles. C'est aussi beau ici qu'à bord du paquebot* sur lequel j'ai traversé la Manche.

Mademoiselle Sophie était sur le seuil.

— Je crois bien ! dit Nanie. Nous avons été deux ce matin à la besogne.

Elle montrait d'un geste de tête la petite fille, un peu embarrassée de ses mains huileuses, et toute rougissante. Mademoiselle Sophie sourit.

— Parfait ! Rosine sait donc se rendre utile (fig. 5). J'avais cru, à la voir hier, qu'elle

Fig. 5. — Parfait ! Rosine sait donc se rendre utile.

ne serait pas capable de grand'chose. Comme on se trompe sur les gens !

— Mais c'est qu'elle travaille au contraire très bien, observa la bonne Nanie, empressée à faire l'éloge de sa petite compagne. Regardez, mademoiselle, tout ce coin qu'elle a frotté. Elle n'a pas oublié un seul petit endroit.

— C'est comme cela qu'il faut faire, dit mademoiselle Sophie ; prendre de suite au lieu d'aller d'un

point à un autre en laissant ce qui est entre deux. Les
enfants d'habitude ne font pas assez attention à cela
et alors ils font de mauvais ouvrage. Mais je vois que
Rosine est en état d'en faire de bon.

Rosine était enchantée. Rien n'est charmant comme
de voir les autres contents de vous.

Elle était impatiente de montrer ou d'acquérir quelque nouveau talent.

Elle regardait avec admiration mademoiselle Sophie
et Nanie aller et venir lestement dans la cuisine,
apprêtant tout pour le déjeuner.

VI. — NOUVEAUX EXPLOITS.

Nanie prit un balai dans un coin, entre l'armoire et
le mur.

— Qu'est-ce que vous
allez encore faire, Nanie?

— Balayer la salle.

— Est-ce que je ne
pourrais pas vous rem-
placer? Oh! oui, Nanie,
donnez le balai, je m'ap-
pliquerai bien et puis ce
n'est pas difficile de balayer.

Ce n'est pas difficile,
mais pourtant il faut en-
core savoir un peu s'y
prendre.

Au bout d'un moment,
Rosine pensa que ça ne

Fig. 6. — Rosine éternuait dans un
nuage de poussière.

marchait pas. Elle éternuait dans un nuage de poussière (fig. 6) quand elle entrevit sur la porte mademoiselle Sophie qui faisait un peu la grimace.

— Eh! eh! Rosine, je crois que vous n'avez pas
très bien commencé. C'est ici comme pour le carreau.

Faites bien à fond un endroit avant d'attaquer l'autre. Voyons : vous ne tenez pas non plus le balai comme il faut ; le manche est trop droit, vos mains sont trop raides. Et puis vous allez trop vite. Soulevez moins votre balai ; vous lancez la poussière en l'air. Tenez, regardez-moi faire.

— Voilà, ma petite, dit-elle au bout d'un moment. Essayez de vous y prendre ainsi.

Mademoiselle Sophie vit bien à la figure de Rosine que le balayage lui paraissait un peu moins amusant que le frottage des carreaux.

Comme elle connaissait les enfants et savait qu'ils ont besoin d'être encouragés, elle donna à la fillette une petite tape amicale sur la joue en disant :

— Allons ; je vois que cela va marcher. Vous avez *bien regardé* et *bien écouté*. Dans huit jours vous balaierez aussi bien que moi.

Rosine avait pensé qu'il faudrait moins de temps pour apprendre une chose si simple.

Pourtant, elle se remit à l'œuvre avec entrain.

Après tout, ce n'était pas trop de mettre une semaine à son apprentissage* si elle devait devenir aussi habile que mademoiselle Sophie.

VII. — UNE LEÇON D'ORDRE.

Après avoir essuyé les meubles, Rosine rapporta le balai à la cuisine et le posa près de la porte. Quant au chiffon à épousseter, elle le laissa sur une chaise de la salle, sans y songer.

Comme Nanie entrait avec les deux petites, le balai tomba en travers de la porte avec fracas.

— Paf ! ne nous laissons pas choir là-dessus, cria-t-elle. Voilà un personnage hors de sa place. Va vite le porter dans le coin, Marthe.

Marthe traîna gravement le balai du côté de l'armoire.

Rosine se rappela alors où elle l'avait pris, et s'élança pour le replacer à la grande satisfaction de Marthe qui dit avec un sérieux de petite bonne femme :

— Voilà ! nous avons mis le balai à sa place, avec Rosine.

— Très bien, dit la tante Sophie, qui versait le lait du déjeuner dans un beau pot de faïence* bleue. Il faut toujours avoir une place pour chaque chose et mettre chaque chose à sa place. Maintenant, vite à table ! La place du bon lait chaud, c'est dans les écuelles.

— Oui, oui, crièrent les petites en sautant et en suivant la tante.

FIG. 7. — Est-ce une serviette ou un mouchoir de poche ?

L'oncle Berthier était déjà dans la salle. Quand il tira sa chaise pour s'asseoir, il se mit à rire et prenant entre deux doigts le chiffon oublié, il dit en le levant en l'air :

— Est-ce une serviette ou un mouchoir de poche qu'on a eu l'aimable attention de me préparer là (fig. 7) ?

Tout le monde rit, excepté Rosine, qui devint très rouge et courut replacer le malheureux chiffon. Quand elle revint s'asseoir, elle avait un peu envie de pleurer.

— Qu'est-ce qu'elle a, cette petite ? dit bonnement l'oncle qui ne pensait déjà plus au chiffon.

— Ce n'est rien, dit mademoiselle Sophie. Rosine a voulu nous aider ce matin pour faire l'ouvrage. Elle a si bonne volonté qu'elle est désolée quand elle fait quelque petit oubli, comme tout à l'heure en négligeant de reporter le chiffon à sa place.

— Ah ! ah ! dit l'oncle Berthier de sa grosse voix qui faisait un peu peur à Rosine, ce n'est pas plus ! Ne te tourmente pas, petite. Il n'y a que ceux qui ne font rien qui ne se trompent jamais. Et puis, surtout ne t'effraie pas même quand je gronde un peu. C'est ma manière de parler haut. Mais tu as de la chance ; aujourd'hui je suis justement de bonne humeur. Savez-vous, Sophie, que j'ai fait hier, avec le poulain, une excellente affaire ?

Pendant que M. Berthier causait avec sa belle-sœur de la foire de la veille, Rosine, rassurée, savoura de bon appétit le déjeuner.

Il lui sembla que le lait était encore meilleur que d'habitude et aussi les bonnes tranches de pain bis.

C'est qu'elle avait joliment travaillé !

Elle aurait voulu continuer. Mais Nanie déclara que c'était assez pour ce matin-là.

Rosine retourna donc au jardin, cette fois avec Marthe et Toinette.

La matinée passa comme un éclair.

Par exemple, après le repas de midi, Rosine tint beaucoup à balayer la salle.

Ce fut vite fait, car après le nettoyage à fond du matin, il n'y avait guère qu'à enlever les miettes sous la table.

Rosine n'oublia pas de remettre à leur place, aussitôt qu'elle eut fini, le chiffon et le balai.

VIII. — ROSINE MONTRE DU ZÈLE ET APPREND UN SECRET.

— Nanie, que m'apprendrez-vous de nouveau ce matin ? dit Rosine en nouant les cordons d'un tablier de toile bleue que mademoiselle Sophie lui avait confectionné.

— Ah! soupira Nanie, il n'y a que l'embarras du choix. C'est étonnant tout ce qu'il y a à faire dans une maison! Je voudrais bien que les heures fussent doubles cette semaine.

— Eh bien, faites-moi faire la moitié de tout, Nanie. Ce sera comme si les heures étaient doubles. Est-ce que je n'ai pas l'air d'une vraie ménagère avec mon tablier bleu?

— Tout à fait.

— Et puis! vous savez, ça m'intéresse énormément, au moins autant que mes leçons de l'école, tout ce que vous m'apprenez.

— Tant mieux! moi aussi l'ouvrage m'intéresse, même quand je suis lasse, et puis comme vous faites attention, j'aime bien à vous montrer. Voulez-vous venir faire la chambre des petites?

Elles montèrent ensemble à cette chambre que Nanie occupait avec les deux enfants.

Les trois lits n'étaient pas faits, mais avaient été bien ouverts aussitôt quittés.

— Approchez deux chaises pour entreposer les matelas, dit Nanie.

Quant aux draps et couvertures, nous allons les mettre sur l'appui de la fenêtre pour achever de les bien aérer.

Les petits lits n'avaient pas de sommiers*, mais des *paillasses* de

Fig. 8. — Quant au couvre-p'ed, on regarda le sens des fleurs...

feuilles de maïs que Nanie remua jusqu'au fond.

— Cela sent bon, dit Nanie.

— Je crois bien. Ces feuilles font un coucher très sain pour les enfants. Et puis elles coûtent bien peu. L'enveloppe de toile est lavée trois ou quatre fois par an. C'est donc aussi très propre. Tous les quinze jours je sors les feuilles et je les étends au soleil.

Les matelas de varech * furent battus et remis sur les paillasses bien aplanies.

Nanie fit observer à Rosine qu'il fallait avoir soin de retourner le matelas chaque jour.

Les draps furent bien tirés par-dessus, le surjet* parfaitement au milieu.

Quant au couvre-pied* on regarda le sens des fleurs et des raies pour ne pas les mettre en travers, ce qui aurait été disgracieux (fig. 8).

IX. — DÉPÊCHE-TOI.

— J'aime les lits qui ont bonne façon, dit Nanie. Il semble qu'on va mieux dormir quand on voit un joli lit bien uni et où rien ne fait un pli. Et puis il ne faut pas plus de temps pour leur donner bon air que pour les arranger sans goût ni grâce. Voyez comme nous avons eu vite fait ces trois-là ! Pourtant, vous irez encore plus vite dans quelques jours, je suis sûre.

— Comment faites-vous pour aller si vite, Nanie ?

— Oh ! j'ai un secret.

— Dites-le moi.

— Il est bien simple, mon secret. C'est de me dire : « Nanie, dépêche-toi, ma fille. Tout le temps que tu mets à aller lentement est du temps perdu. » Par exemple, il faut se dire ça souvent; sans quoi, on oublie, les minutes passent, la besogne n'avance pas et il arrive un moment où il faut se bousculer. Mieux vaut se presser toujours qu'être obligé de courir la poste à la fin de son travail, juste lorsqu'on est le plus fatigué. Vous ne pouvez pas vous figurer ce que ça sert de se donner ainsi quelque bon conseil en dedans.

— Bon ! dit Rosine. Je vais retenir votre secret. Ma maîtresse à l'école dit toujours que je suis lente. Je vais essayer de me dire en dedans : « Rosine, dépêche-toi. » Est-ce qu'il faut le dire bien souvent, Nanie ?

La petite servante rit.

— C'est selon ! Les personnes sont comme les chevaux, dont il y a de tous : ceux auxquels il faut souvent le coup de fouet et ceux qui vont tout seuls une fois partis.

— Ce sont les meilleurs, ces derniers-là, Nanie !

— Naturellement! Si vous êtes bonne pour l'ouvrage comme les bons chevaux au trot, pensez en commençant à aller aussi vite que possible et ne vous arrêtez plus. Vous fondrez la besogne, comme dit mademoiselle Sophie. Ah ! j'oubliais de vous dire... Pour aller vite, il y a encore l'horloge.

— L'horloge ?

— Oui ; je regar-de quelquefois l'heure

Fig. 9. — Je me servirai de ma montre pour apprendre à gagner du temps.

quand je commence une chose et puis je fais un pari ; savoir, Nanie, si tu ne pourrais pas gagner une minute sur hier? Il m'est arrivé d'en gagner jusqu'à deux, puis cinq, puis dix.

— Ça, ce doit être encore un bon moyen, dit Rosine. Papa m'a promis de me donner une montre quand il reviendra de Buenos-Ayres *; je me servirai de ma montre pour apprendre à gagner du temps (fig. 9).

— Vous ferez bien. Cela sert fameusement, allez, d'avoir appris à aller vite.

X. — GRANDS PRÉPARATIFS.

Ah ! miséricorde ! qu'on avait donc à faire cette semaine-là !

Le dimanche allait avoir lieu le baptême du poupon.

Il s'agissait de rendre la maison belle du haut en bas pour la circonstance.

Ce fut pour Rosine l'occasion de continuer son apprentissage de ménagère.

Ce qu'on lavait et repassait de vêtements pour un chacun, de serviettes, de petits rideaux, ce serait trop long de le dire.

Les rideaux une fois propres, il ne fallait pas les remettre, bien blancs et bien frais, sur des vitres qui n'auraient pas été claires comme cristal.

Fig. 10. — Rosine eut bien soin de ne rien laisser dans les coins.

Perchée sur une échelle, Nanie faisait les carreaux du haut. Elle consentit à laisser Rosine essayer ses talents sur ceux du bas.

La première tentative ne fut pas des plus heureuses. Rosine mit trop d'eau dans le blanc d'Espagne*, mouilla deux ou trois torchons pour sécher une seule fenêtre et fit des taches de blanc sur le plancher.

Mais en bien observant comment opérait Nanie, elle devint plus habile.

La seconde vitre, légèrement barbouillée de blanc délayé peu liquide, fut laissée un instant en cet état ; ensuite un bon coup de chiffon en fit l'affaire.

Rosine eut bien soin de ne rien laisser dans les coins (fig. 10), car une vitre a beau être bien lavée au milieu, s'il reste des ombres dans les angles, ce n'est jamais qu'une vitre sale.

Sur ces beaux carreaux transparents, les petits rideaux de mousseline* et même de calicot* blanc et rouge, avec leurs plis de repassage, faisaient un effet charmant.

On aurait dit, à voir le joli jour doux tamisé à travers ces choses bien nettes et bien fraîches, que tout était jeune et neuf dans la maison, comme le bébé à baptiser.

XI. — POUR L'AGRÉMENT.

Ce n'était point encore assez au gré de Nanie.

— Je voudrais quelque chose d'un peu gai sur ce blanc, dit-elle à Rosine. Je sais que madame Berthier a dans une armoire des restes de lustrine* rose et bleue. Si elle me permet d'en prendre quelques bandes, nous les festonnerons* aux ciseaux pour faire de petites embrasses à nos rideaux.

Ce fut l'emploi de la veillée de denteler ces bandes, les unes de festons* pointus, les autres de festons un peu arrondis.

Puis on fit aux deux bandes des boutonnières pour les passer à de petits crochets que Nanie planta aux montants des fenêtres.

Les rideaux relevés dans cette bande de couleur vive parurent encore bien plus jolis.

Quand ce fut fini, Nanie resta un moment à rêver au milieu de la salle.

— Qu'est-ce que vous voulez inventer encore ? dit Rosine en riant de son air chercheur.

— Quelque chose pour orner la cheminée. Les pots de tabac de M. Berthier et ces grosses pommes de pin ternies par la poussière sont-elles bien régalantes pour les yeux ?

— Pas trop, dit Rosine. Vous pourriez faire deux gros bouquets que vous mettriez dans de grands vases.

— C'est qu'il n'y a pas de vases. Et puis les fleurs ne sont pas bien abondantes ce mois-ci.

— J'ai une idée. Si vous preniez deux des pots de géranium* qui sont autour du bassin ?

— Peut-être. Ils sont très grands, mais la cheminée est vaste et les géraniums bran-

FIG. 11. — L'oncle Berthier déclare la cheminée bien ornée.

chus et couverts de fleurs la garniront admirablement.

Les pots apportés, non sans quelque peine, firent sur la cheminée un si bel effet que Rosine fut enchantée d'avoir eu cette idée.

Et les pots à tabac de l'oncle Berthier ? Ils furent dissimulés par derrière et on l'avertit qu'il eût seulement à allonger un peu plus la main pour y puiser.

— N'est-ce pas, oncle, dit Rosine, que vous saurez bien trouver de quoi bourrer votre pipe sans déranger notre serre* ? Venez voir, venez voir comme c'est beau.

L'oncle commença par faire les gros yeux pour taquiner sa nièce.

Puis il déclara, car il aimait aussi les jolies choses qui ne servent que pour le plaisir des yeux (fig. 11) :

— Superbe ! mes bonnes filles, M. Jacquot va avoir un baptême comme on n'en a jamais vu à Chardosset, même chez M. le conseiller général.

XII. — LA TABLE DE BAPTÊME.

Le grand jour était arrivé.

Autour de la table couverte de beau linge écru, Nanie et Rosine s'empressaient à qui mieux mieux.

L'une rangeait les assiettes de faïence à des intervalles bien égaux, puis les verres, à travers lesquels le soleil semait gaiement sur la nappe de petits arcs-en-ciel*

L'autre mettait à chaque place cuiller, fourchette et couteau bien alignés et non sans les avoir encore une fois frottés vigoureusement.

Fig. 12. — Un coin de la table de baptême.

Les salières, remplies jusqu'au bord, se faisaient pendant en diagonale.

Bouteilles et carafes de même.

De la cuisine venaient de bonnes odeurs de gigot à l'étouffée et de fricassée de poulet.

Mademoiselle Sophie en sortit apportant une grande jatte* de crème avec une pyramide d'œufs à la neige.

Puis ce fut le tour d'une montagne de gâteaux frits (fig. 12).

— Oh ! mademoiselle Sophie, qu'ils sont dorés, cria Rosine, et légers et si bien poudrés de sucre ! Je voudrais bien savoir les faire, moi, ces bons gâteaux.

: — Eh bien ! je te montrerai un jour où nous serons moins occupées que je ne l'étais ce matin et où tu ne dormiras pas si tard. En attendant, fais ton profit du gâteau qui vient de dégringoler la montagne et qui s'est arrêté là dans la poche de mon tablier.

Rosine, qui était un brin gourmande, ne se fit pas répéter l'invitation. Elle croqua la merveille en déclarant qu'elle était aussi bonne que belle.

PRÉCEPTES DU LIVRE PREMIER

L'activité.

1. Fillette, veux-tu ne jamais t'ennuyer ? Apprends à **t'occuper** sans cesse.

2. Regarde autour de toi. Mille choses, dans la maison, peuvent être faites par un enfant de ton âge.

3. Ta mère va **balayer**. Demande-lui de te laisser faire à sa place.

4. Tu es déjà assez grande et assez forte, n'est-ce pas ? pour manier le balai.

5. Allons ! pousse vite hors de la chambre ces débris, cette poussière qui la rendaient malpropre.

6. Ne perds pas de temps. Ne rêve pas après chaque coup de balai. **Travaille avec activité.**

7. Ne te presse pas trop non plus. Il ne s'agit pas de mettre en danse toute la poussière pour qu'elle revienne ensuite au même endroit.

8. Tu dis que tu ne sauras pas faire? Essaie toujours. Ce n'est qu'en *forgeant* qu'on devient **forgeron**. Ce n'est qu'en *faisant le ménage* qu'on devient **ménagère**.

9. Si j'étais toi, je m'y mettrais dès aujourd'hui en revenant de l'école. Et je parie que tu serais contente, le soir venu, de pouvoir te dire :

« Aujourd'hui, je me suis rendue **utile** chez moi. »

L'ordre.

10. Quand tu t'es servie d'un objet, balai, chiffon ou autre, remets-le vite **à sa place**.

11. Fais de même pour tout ce qui t'appartient.

12. Une place pour chaque chose, chaque chose à sa place.

13. Une table en désordre, une armoire en désordre, une chambre en désordre sont choses fort laides.

14. Fort incommodes aussi. Qui n'a pas d'ordre ne trouve jamais, sans chercher, les objets dont il a besoin.

15. Il perd son temps, il fait attendre les autres et s'il se fâche, s'impatiente contre lui-même, il a bien raison.

16. Seulement, il serait plus simple et plus sage de **se corriger**.

17. Veux-tu essayer cette semaine de t'appliquer à avoir de l'ordre?

18. Je t'assure que tu t'en trouveras bien dès à présent et plus encore par la suite.

La rapidité dans le travail.

19. Qu'as-tu appris de nouveau à la maison? Sais-tu **faire les lits?**

20. Ne viens jamais à l'école sans avoir fait le tien. Une fille de ton âge ne doit pas en laisser le souci à sa mère.

21. Enlève avec soin, **mets à l'air** et secoue draps et couverture.

22. Retourne le matelas chaque jour.

23. Étire exactement les draps en les remettant.

24. Ne mets pas les couvertures à l'envers ou en travers. Donne bonne façon à ton lit.

25. « **Comme on fait son lit, on se couche** ». Tu dormiras mieux en une couchette bien arrangée.

26. Mais fais **vite** aussi. Ne te promène pas indolemment tout autour. Aie le pied et la main lestes.

27. Pense à **gagner du temps.**

28. Va toujours, quand tu travailles, **aussi rapidement que tu peux aller.**

Le travail fait à fond.

29. Jour de **nettoyage,** bon jour pour offrir tes services à ta mère.

30. Ce qu'elle te confiera, nettoie-le *à fond.*

31. Tu frottes un meuble, une table, une chaise? N'oublie pas de passer le chiffon sur les *pieds* et les *barreaux.*

32. Tu laves un pot, une casserole? Qu'ils soient propres en *dehors* et en *dedans*.

33. Travail fait à moitié jamais ne valut rien.

34. Ce sont les *carreaux* des fenêtres qui doivent être lavés? Ne va pas les inonder d'eau ainsi que le plancher. Cherche *la meilleure manière de t'y prendre.*

35. Avec un chiffon humide, enduis de *blanc d'Espagne* la vitre sur ses deux faces. Laisse un peu *sécher;* puis essuie avec un linge sec.

36. Ne manque pas de passer dans les **coins.**

37. Y a-t-il de jolis rideaux frais à mettre derrière ces vitres bien nettes? Accroche-les vite sans les froisser.

38. Le passant, dans la rue ou sur le chemin, va dire en levant les yeux : « Oh! les coquettes fenêtres avec leurs carreaux brillants et leurs rideaux proprets! Bien sûr vivent là-dedans des gens **actifs** et **soigneux.** »

39. Devant les fenêtres mal tenues, il pensera : « Maison habitée par quelque femme **paresseuse** et **sans goût.** Pouah! »

40. Es-tu comme moi? Je trouve agréable que ce passant, qui ne me voit pas, me croie *active* et *soigneuse* plutôt que *paresseuse* et *sans goût.*

Pour le plaisir des yeux.

41. J'aime aussi sur la fenêtre un pot de géranium odorant ou un beau fuchsia * avec ses cascades de fleurs aux vives couleurs.

42. J'aime, sur la cheminée, une touffe de bleuets ou de marguerites rapportée de la dernière promenade.

43. J'aime une table bien mise.

44. J'aime que la maison, propre et en ordre, soit encore *joliment* et *gaîment* arrangée pour le plaisir des yeux.

RÉSUMÉ (à réciter).

1. Je ferai mon lit avant d'aller en classe.

2. Je secouerai les draps et couvertures et retournerai les matelas.

3. J'aiderai maman à nettoyer les meubles, la vaisselle, les vitres.

4. J'écouterai les instructions que me donnera ma mère et je ferai avec soin les petits travaux qu'elle me confiera.

5. J'aurai une place pour chaque chose et je mettrai chaque chose à sa place.

6. Je m'efforcerai de donner à la maison un aspect agréable et gai.

7. Je m'appliquerai à devenir active, leste et soigneuse.

Devoirs de rédaction. — 1. Comment une petite fille peut-elle se rendre utile à la maison.

2. Faites le portrait d'une fille qui n'a pas d'ordre.

3. Dites ce que doit faire une enfant avant d'aller en classe et comment elle doit le faire.

4. Que ferez-vous les jours de nettoyage ?

5. Racontez comment vous vous y prendrez pour que l'intérieur de la maison soit agréable.

LIVRE II
Notre tâche.

XIII. — FÊTE DE FAMILLE.

Comme Rosine, les invités du baptême trouvèrent les merveilles de mademoiselle Sophie à leur goût. Deux heures plus tard, la pyramide était lestement

Fig. 13. — Fête de famille.

démolie et l'oncle Berthier débouchait, pour arroser les gâteaux, deux bouteilles d'un petit vin muscat, mousseux et rosé, qui mit tout le monde en gaîté (fig. 13).

On porta, bien entendu, la santé du poupon.

Il était superbe dans sa petite robe de basin blanc et son léger bonnet de tulle ruché.

Sa mère le tenait sur les genoux tandis que les deux fillettes, debout à ses côtés, s'appuyaient contre elle et se figuraient de très bonne foi que déjà le bébé leur souriait.

La tante Berthier était rayonnante.

— Je serais tout à fait heureuse, dit-elle, si j'avais pu faire revenir de nourrice pour aujourd'hui mon petit Jean.

— Patience, ma bru, dit le grand-père, Isaac Berthier, qui était assis en face d'elle. Quand Jeannot reviendra, eh bien! mon fils nous fera boire encore à sa santé une bouteille de ce joli muscat Pas vrai, Jean-Jacques? il y en a dans la cave pour ton aîné.

— Bien sûr, père, et pour ceux qui viendront encore.

Jean-Jacques Berthier riait d'un bon rire épanoui et son regard allait de son vieux père au groupe que formaient sa femme et ses enfants.

Il leva son verre et regardant à travers le jour la liqueur au ton chaud :

— Il y a pourtant de bons moments dans la vie, dit-il. De durs aussi. Certes, il faut peiner. Le vin ne vient pas tout seul dans le tonneau et le pain sur la table pour nourrir la couvée. Mais, vrai de vrai, quand on casse une croûte entre les siens, jeunes et vieux, et de bons amis comme ceux qui nous ont fait l'honneur de s'asseoir à nos côtés, toi, Martel, mon vieux compagnon de régiment, vous autres, nos voisins...

Il s'arrêtait, cherchant la suite de son idée.

— Bon! qu'est-ce que je voulais dire?

Tous se mirent à rire.

— Jean-Jacques, mon bon, dit l'ex-sergent, tu voulais dire que tu es content.

— Parfaitement, Martel, tu as trouvé! Oui, mes amis, je suis content et je serais bien ingrat de ne pas l'être. A votre santé à tous, mes amis, et vive la vie ! Que dans vingt-cinq ans nous en puissions dire autant.

— Au baptême des fils de Marthe et de Toinette, dit en riant mademoiselle Sophie, en attendant ceux de Jean et de Jacques.

Le grand-père secoua sa tête grise.

— Voilà des fêtes que je ne verrai pas, fit-il.

— Père, dit sa bru, si vous n'êtes pas assis à cette table, vous serez quand même présent à la fête, car nos cœurs ne vous oublieront pas, pas plus qu'ils n'oublient aujourd'hui la chère grand'mère, qui aurait été si heureuse de bénir mon petit Jacques.

Les visages un moment devinrent graves au souvenir de la grand'mère morte.

Le premier, Isaac Berthier rompit le silence.

— Merci, ma bonne fille, dit-il avec émotion, de penser aux vieux qui se sont endormis ou vont s'endormir au cimetière. La joie des enfants qu'ils ont aimés doit les réjouir dans le repos où ils entrent après la mort. Ne vous attristez donc pas, mes chers enfants, quand vous parlerez de nous, qui devons vous devancer dans la tombe. On ne meurt pas tout entier quand on laisse en ce monde une lignée de braves enfants.

Les coudes à la table, Rosine écoutait le grand-père.

Il sourit de l'air sérieux de la fillette.

— Voilà une petite qui ne comprend plus rien à ce que nous disons, fit-il. Ne te creuse pas la tête, Rosinette ; ça viendra plus tard. Pour le moment, contente-toi d'apprendre à devenir une brave fille, utile aux tiens et bonne à tous. Tu es le premier enfant de l'aîné de mes fils ; quoique tu ne sois pas un garçon il te faut aussi faire honneur à la famille.

— Je tâcherai, grand-père, dit Rosine.

XIV. — NANIE EST RÊVEUSE.

Les invités étaient partis.

On venait de coucher les enfants.

Nanie avait tout rangé à la cuisine et dans la salle avec l'aide de Mion et même de Rosine, qui n'avait pas voulu rester sans rien faire.

Maintenant, la jeune servante était assise près de la porte du jardin, les mains croisées sur ses genoux, le regard dans le rêve, un sourire vague aux lèvres.

Elle n'était pas bien jolie, Nanie. Mais ses yeux bruns étaient à la fois si vifs et si doux, il y avait tant de bonne humeur répandue sur sa figure hâlée qu'on ne songeait pas à remarquer sa bouche un peu trop grande, son front trop bas, non plus que les quelques taches de rousseur qui marquetaient ses joues.

Fig. 14. — Nanie, un peu fatiguée, demeure pensive.

En tous cas, ce n'est pas Rosine qui les aurait vus.

Elle aimait tant cette Nanie qu'aucune figure ne pouvait lui paraître plus agréable.

Elle l'aimait parce que Nanie était pour elle la complaisance et la bonté même.

Elle l'admirait aussi. Que de choses Nanie savait faire ! Et toujours sans bruit. Ce jour-là, par exemple, avait-elle assez travaillé ! Ce n'était pas pour recevoir des compliments, car on n'en fait guère à une domestique quand tout marche bien. Ce qui va mal vous fait gronder ; mais on oublie facilement la peine prise pour que tout aille comme il faut.

Oui, Nanie devait être un peu fatiguée de sa journée (fig. 14). C'est pour cela qu'elle restait tranquille, elle si vive.

Rosine s'approcha et lui dit :

— A quoi pensez-vous, Nanie ?

La jeune fille tressaillit et même rougit un peu.

— A des choses qui ne sont pas pour les petites filles, répondit-elle un peu étourdiment.

Cette réponse piqua Rosine. Rien n'humilie une fillette comme de s'entendre dire pareille chose par une plus grande fille. Et puis cela rend curieuse. Si bien que Rosine, quoique un peu fâchée contre Nanie, restait là avec trente-six questions sur le bout de la langue.

Nanie la regarda et devina bien ce qu'elle ressentait.

— Au fait, dit-elle, je ne vois pas pourquoi je ne vous dirais pas à quoi je pensais.

— Oh ! oui, dites, dites, Nanie, fit avec chaleur Rosine.

XV. — UNE CONFIDENCE.

— Eh bien ! je pensais que votre tante est bien heureuse. Qu'est-ce qu'on peut désirer de mieux en ce monde que d'être chez soi, d'avoir un bon mari qui travaille bien et d'élever de jolis enfants ?

— Et puis, Nanie ? A quoi pensiez-vous encore ?
Nanie sourit.

— Vous croyez qu'il y a encore autre chose ?

— Bien sûr.

— Oh ! comme vous voilà maligne ! Eh bien ! c'est vrai, je pensais que je voudrais bien être comme elle dans quelques années d'ici et que je serais si contente, si contente, si j'avais un jour ma maison à moi !

— Et aussi un bon mari qui travaille bien? dit la fillette.

Nanie devint tout à fait rouge en disant : Je sais bien que Pierre serait celui-là.

— Pierre ?

— Oui ; un jeune homme du village, qui est au service. Il est très gentil et je l'aime de tout mon cœur. Nous voulons nous marier. Mais comme nous sommes pauvres et orphelins tous les deux, il faut d'abord travailler beaucoup chacun de notre côté. Voilà ! vous savez à présent à quoi je pensais et comme vous êtes très raisonnable, je pense que je n'aurai pas à regretter de vous avoir traitée comme une grande personne.

Rosine, très fière de cette confidence, protesta qu'elle garderait fidèlement le secret.

— Oh ! dit Nanie, ce n'est pas précisément un secret. J'ai dit à votre tante que nous étions presque

FIG. 15. — Alors, dit Rosine, c'est pour pouvoir épouser Pierre que vous travaillez tant ?

fiancés, Pierre et moi, et il vient me faire visite ici quand il est en congé. Seulement nous n'en parlons à personne autre, parce que ce n'est pas encore sûr que nous puissions nous marier bientôt.

— Alors, dit Rosine, c'est pour pouvoir épouser Pierre que vous travaillez tant (fig. 15) ?

— C'est d'abord parce que c'est mon devoir, petite Rosine, puisque mon travail est payé. Mais pour sûr que cela m'encourage joliment de penser à mon cher

Pierre les jours où je suis bien lasse. Ces jours-là je me dis : « Allons, Nanie, encore un effort. N'aurais-tu pas honte, pour t'éviter un peu de peine, de manquer ton bonheur? » Et je repars de plus belle.

— Comme vous savez bien vous parler en dedans, Nanie! Ça m'amuse quand je vous entends raconter comment vous vous grondez vous-même.

— Dame! il faut bien, quand on n'a plus personne, pour le faire. Mais je n'ai pas appris cela du premier coup, allez!

XVI. — SUITE DES CONFIDENCES DE NANIE.

— Je crois, dit Nanie, qu'il est temps d'aller nous coucher.

— Oh! non, non, je vous en prie, Nanie. Je n'ai pas du tout sommeil et j'aime tant vous entendre parler!

La petite fille s'était assise à terre et avait posé sa tête sur les genoux de son amie.

— Dites-moi comment vous avez appris à vous parler en dedans.

— C'est à douze ans qu'il a fallu commencer. Jusqu'à cet âge j'avais été très turbulente * et je ne me souciais guère que de m'amuser. Ma mère travaillait dans une fabrique. Elle n'avait pas le temps de me montrer à travailler dans la maison. Je ne savais rien faire. Je le vis bien quand ma pauvre maman tomba malade. Que j'étais embarrassée pour la soigner et pour faire la moindre chose dans le ménage! Puis, ça n'était pas très bien installé chez nous. Maman partait de si grand matin, rentrait si fatiguée le soir qu'elle ne pouvait guère s'occuper d'arranger notre intérieur. Le jour où elle cessa de travailler, ce fut la misère noire tout de suite, parce qu'il n'y avait pas chez nous la moindre provision, en linge ni en rien, comme il y en a dans les ménages que les femmes peuvent entretenir. Comme nous avions toujours acheté chez le crémier et le charcutier presque tout ce qui était nécessaire aux repas, nous dépensions beaucoup pour cette mauvaise nourriture et maman ne pouvait rien mettre de côté.

Aussi, la dernière fois que ma pauvre maman put se lever, elle se fit apporter à Chardosset par un voiturier qu'elle connaissait. Elle chercha dans le village une maison où l'on pût me prendre comme petite domestique.

Le bonheur voulut qu'elle rencontrât votre tante. Madame Berthier lui promit de m'occuper quand elle ne serait plus là.

A son retour, ma mère me dit : « Ma pauvre Nanie, je t'ai trouvé un sort; tu entreras en service à Chardosset quand je serai morte. » Je me mis à pleurer. Je voyais bien que ma pauvre maman était changée à faire peur, mais je ne pouvais pas me figurer pourtant qu'elle allait mourir.

Elle me dit : « Ne te chagrine pas, pauvre petite; tu as autre chose à faire. Il faut gagner ton pain. Écoute-moi bien : ce n'est pas une vie pour une femme, la vie que j'ai menée depuis l'âge de quinze ans qu'on m'a mise aux ateliers. C'est trop triste de n'avoir pour ainsi dire point de chez soi : rien qu'un grabat où l'on vient se jeter la nuit et qu'on transporte d'un quartier dans l'autre, suivant le travail. Tu vas être chez les autres, c'est vrai, mais dans une famille où l'on t'apprendra à travailler. Si tu veux être sage et laborieuse, peut-être qu'un jour tu trouveras quelque brave garçon avec qui tu pourras te marier. S'il est de la campagne, tant mieux; s'il travaille à la ville, ne te figure pas que vous serez plus riches en travaillant tous deux dehors; tiens ton ménage, économise; vous ne vous en tirerez que mieux d'affaire. »

Jamais ma mère ne m'en avait tant dit à la fois,

car elle n'avait guère le temps de m'élever, la pauvre malheureuse.

La veille de sa mort, elle me dit encore : « Vois-tu, Nanette, c'est long la vie, même quand on ne meurt pas bien vieux, c'est bien long pour celui qui est malheureux. Ça vaut la peine de se donner du mal pour être heureux. Travaille ferme, ma fille, gagne ton bonheur : mais il faut du courage et ne pas s'asseoir sur le bord du chemin dès qu'on est fatigué ».

J'étais bien jeune et je ne comprenais pas toutes les idées de ma mère alors. Mais j'ai très bonne mémoire. Je retenais jusqu'aux moindres mots et pour ne pas les oublier, je me les répétais souvent comme qui récite une leçon. C'est comme cela que j'ai appris à me parler en dedans. Car, peu à peu, aux paroles de ma mère j'en ajoutais d'autres.

Ah ! j'avais bien souvent à me gronder moi-même, comme vous dites, Rosine ! J'ai mis longtemps à devenir travailleuse et énergique. Que de patience il a fallu à votre tante pour me dresser ! Le jour où j'oublierais la reconnaissance que je lui dois, je serais une bien mauvaise fille. J'étais étourdie, souvent molle, pas toujours portée de bonne volonté.

Pourtant quand je me répétais les paroles de ma mère : « Travaille ferme, gagne ton bonheur, » je me sentais un aiguillon qui me poussait à mieux faire.

Le bonheur, c'est si joli, ce mot-là ! Ce que je voyais chez votre tante commençait à me le faire comprendre. Parfois aussi, quand je m'étais bien conduite, je sentais en dedans ce plaisir de la conscience qu'on éprouve lorsqu'on a fait son devoir.

Ce plaisir devint même très vif. J'étais de plus en plus contente quand madame Berthier me disait : « C'est bien Nanie, » et j'aimais mieux cela que tout le reste. Puis, le bon Dieu s'en est mêlé. Pour me faire encore mieux aimer mon devoir, il m'a fait rencontrer Pierre. Nous nous étions vus dès ma première année à Chardosset, au catéchisme. Ensuite il a travaillé quelque temps à la journée chez M. Berthier. Toujours il me souriait en arrivant pour les repas, et il avait souvent quelque chose d'amical à dire.

Un soir qu'il m'aidait à rapporter une corbeille de lessive, il me demanda si je voudrais me marier avec lui à son retour du service. Moi, tout de suite je dis que je ne voyais personne dans le village qui me plût autant que lui.

— Alors, fit-il en riant, on pourra peut-être s'entendre. Moi je ne suis jamais si content qu'ici parce que vous y êtes. Je ne suis pas riche, mais j'ai de bons bras. Je vois bien que le travail ne vous fait pas reculer non plus.

— Je dis : Oh ! non, bien sûr.

Le lendemain, j'étais encore plus vaillante que de coutume. J'aurais voulu tout savoir faire dans la perfection. Il me semblait que je ne serais jamais pour Pierre une femme assez active, assez habile.

Fig. 16. — Bouquet de fiançailles de Nanic.

Votre tante s'émerveillait de mon ardeur. Je ne disais rien, mais au souper, comme Pierre arrivait un peu avant les autres, avec des petites pensées sauvages qu'il avait cueillies pour moi, je lui demandai si je pouvais dire à madame Berthier que nous nous accordions bien. Il me répondit que oui. De ce jour, nous étions comme fiancés, et moi, bien contente, je vous promets que j'avais du cœur à l'ouvrage. »

Nanic se pencha sur Rosine.

— Vous dormez ?

Pas du tout, dit la fillette.

Elle jeta ses deux bras autour du cou de l'orpheline.

— Alors, Nanic, vous êtes heureuse ? murmura-t-elle.

— Oui, petite Rosine, car je vis pour quelqu'un que j'aime. Et c'est si bon cela, voyez-vous ! Il n'y a rien de meilleur au monde. Vivre pour soi, ça n'en vaudrait vraiment pas la peine.

Elle se leva.

— Maintenant, allons dormir, fillette. Il faut être dispos demain matin pour reprendre la tâche.

XVII. — LES RÉFLEXIONS DE ROSINE.

Rosine s'éveilla tard le lendemain.

Un joli rayon de soleil passait entre les persiennes * et faisait danser sur la couverture blanche de son petit lit l'ombre des feuilles de houblon qui enguirlandaient la fenêtre.

Du jardin montait, avec de bonnes senteurs de chèvrefeuille * et de verveine *, des chants d'oiseaux et les voix des petites déjà levées.

On entendait aussi le pas alerte de mademoiselle Sophie et de Nanie allant et venant dans la maison.

Comme on était bien dans cette maison tranquille et gaie ! Qu'ils avaient l'air heureux ceux qui l'habitaient et qui tous travaillaient si vaillamment !

Rosine aussi était heureuse. Elle avait le cœur léger. Chacun était si bon pour elle !

Rosine pensa que c'était délicieux d'être aimée.

Puis l'idée lui vint qu'elle devait, elle aussi, faire quelque chose pour ceux qui l'aimaient.

Elle sauta à bas de son lit, en projetant d'aller vite aider Nanie et mademoiselle Sophie.

Tout en s'habillant, elle se rappela beaucoup de choses de la veille : les paroles du grand-père, la conversation de Nanie.

Elle se demanda si elle aurait aussi un fiancé quand elle serait grande.

Peut-être !

Cette pensée la fit sourire de plaisir comme aussi celle d'avoir une maison à elle, qu'elle aurait à tenir en ordre si elle se mariait un jour.

A la place de la petite Rosine, qui se peignait devant le miroir encadré de bois jaune, elle vit une grande Rosine, la Rosine qui existerait dans dix, quinze, vingt ans, la Rosine à laquelle son mari dirait « ma chère femme! » et de petits enfants : « Maman! maman! »

Pour le coup elle se mit à rire tout à fait.

C'était si drôle de penser qu'elle serait un jour comme la tante Berthier!

Pourtant cela pouvait arriver. Ce serait cette même petite personne, debout devant le miroir, qui deviendrait une femme et une maman (fig. 17).

Fig. 17. — Ce serait cette même petite personne qui deviendrait une femme...

Alors sans doute la femme et la maman seront un peu ce qu'aura été la petite personne ?

Cette réflexion frappa Rosine.

Les paroles de Nanie lui revinrent en mémoire : je crains toujours de ne pas être pour Pierre une femme assez active, assez habile.

Comment? Nanie craignait cela, elle qui savait faire tant de choses? Alors combien ne fallait-il pas que Rosine en apprît, elle ?

Elle se promit de faire de grands efforts pour marcher sur les traces de Nanie.

Elle voulait être, quand elle serait grande, une bonne, une très bonne femme.

XVIII. — NOTRE TACHE.

Rosine fit part de ses projets à Nanie pendant qu'elles écossaient des pois ensemble.

Nanie les approuva.

— C'est très bien, dit-elle. Si vous vous préparez toute jeune à votre tâche, vous la ferez bien mieux étant grande.

— Qu'est-ce que c'est que ma tâche, Nanie ?

— Vous avez bien fait des tâches à l'école ?

— Oui, à la leçon de couture. La maîtresse pose une épingle à un endroit du linge et je suis obligée de travailler tant que ce n'est pas ourlé jusque-là.

— Eh bien ! une tâche, c'est ce que nous sommes obligées de faire. Par exemple, moi : je suis obligée de balayer, de faire les lits, d'aider mademoiselle Sophie à la cuisine, de soigner les bêtes et la basse-

Fig. 18. — La tâche des femmes s'accomplit à la maison.

cour avec Mion. Il faut aussi, pour remplir ma tâche, que je suive bien les ordres de votre tante et que je la respecte, puisque c'est elle qui commande.

— Je comprends, dit la petite. Est-ce que mademoiselle Sophie a aussi sa tâche, et ma tante, et l'oncle Berthier ?

— Chacun a la sienne, Rosinette, et tout marche bien quand chacun la fait de tout son cœur.

— Mais, Nanie, on ne sait pas toujours quelle tâche
on aura plus tard ?

— Pas exactement. Cependant la tâche des femmes
est toujours à peu près la même (fig. 18) : tenir le
ménage, soigner leur mari, élever les enfants, rendre
heureuse toute la maisonnée...

— C'est une grande tâche, tout cela, Nanie.

— Je vous crois ! Et quand les femmes s'en acquit-
tent mal, cela fait de bien tristes maisons, allez !

— Oh ! moi, dit vivement Rosine, je veux avoir un
ménage qui marche bien... Comme celui de tante Berthier. Dites, Nanie, vous allez m'apprendre encore
beaucoup, beaucoup de choses pour que je devienne
une bonne ménagère ?

— Tant que vous voudrez ! Mais assez causé. Je
vais mettre mes pois dans la marmite. Balayez vite les
débris, que vous porterez aux lapins.

PRÉCEPTES DU LIVRE II

Notre tâche.

45. Tu as pris plaisir, petite, à aider ta mère
dans quelques-uns des travaux du ménage.

46. Ce que tu as fait pour t'occuper, pour
t'amuser presque, entre les heures d'étude, tu
auras plus tard à le faire constamment.

47. Le travail du **ménage** sera l'occupation
de ta vie quand tu seras une femme ; ce sera *la
tâche.*

48. Prépare-toi dès aujourd'hui à **la bien
faire** et à **l'aimer.**

49. La *bien faire*, c'est difficile ; pour y réussir,
tu as beaucoup de choses à apprendre.

50. L'*aimer* est peut-être plus aisé. Comment ne trouverais-tu pas plaisir à travailler pour ceux qui vivent avec toi dans ta maison, à bien tenir cette maison pour que tous vous y soyez heureux ?

51. Travailler pour ceux qu'on aime, il n'y a rien de meilleur au monde.

52. Accomplis cette tâche avec *joie;* c'est le moyen de s'en **bien acquitter.**

RÉSUMÉ (à réciter).

1. En aidant ma mère aux travaux du ménage j'ai appris mon métier de ménagère.

2. Je me prépare dès maintenant à le bien faire et à l'aimer.

3. J'accomplirai ma tâche avec joie, car je travaillerai pour ceux que j'aime.

Devoirs de rédaction. — 1. Ce que vous faites, maintenant étant enfant, vous servira-t-il plus tard? Quelles sont les occupations d'une femme, et comment doit-elle faire pour s'en bien acquitter?

LIVRE III

Devoirs dans la famille. — Soin des enfants.

XIX. — LE DEVOIR PRÉSENT.

Un peu plus tard, Nanie rencontra Rosine sur le seuil de la porte du jardin.

La petite fille avait les yeux vagues de quelqu'un qui rêve.

— Eh bien ! eh bien ! que faites-vous là ? dit Nanie.

— Je pense à ma tâche (fig. 19).

— C'est en y pensant que vous oubliez de la faire.

Fig. 19. — Rosine pense à sa tâche future.

Rosine ouvrit de grands yeux.

— Mais c'est à ma tâche *de plus tard* que je songe.

— Et celle *d'à présent ?* ma mie Rosine.

— Je n'en ai point à présent.

— Ah ! par exemple ! Est-ce qu'on n'en a pas toujours une ? Allez-vous attendre d'avoir un mari et des enfants pour être utile et agréable à quelqu'un ? Regardez votre grand-père qui se promène tout seul dans le fond du jardin. Justement il vient de laisser tomber sa canne. Personne pour la lui relever. Courez vite à lui, Rosine.

XX. — LE TRAVAIL DU GRAND-PÈRE.

Rosine s'élança (fig. 20).

Le grand-père, dont l'échine* était raide, avait réussi à grand'peine à relever son bâton, mais ses

FIG. 20. — Rosine s'élança pour ramasser la canne du grand-père.

mains tremblaient et de nouveau il venait de le laisser échapper.

— Voilà, grand-père, dit Rosine en le lui remettant. Voulez-vous vous appuyer aussi sur mon épaule ? Je suis forte, allez !

— Merci, petite ; tu es une bonne fille, prévenante

et attentive. C'est vrai que je me sens tout fatigué ce matin. Sans doute le voyage d'avant-hier.

— Cela va passer, grand-père.

Le vieillard mit la main à son oreille.

— Tu dis ?

Rosine, un peu confuse d'avoir oublié que le grand-père devenait sourd, reprit en parlant plus haut :

— Vous vous sentirez mieux quand vous vous serez reposé dans ce joli jardin.

— Ah ! dit le vieux, c'est vrai que j'ai toujours du plaisir à m'y retrouver. Songe, petite, que tous ces arbres, c'est moi qui les ai plantés.

— Vous-même ?

— Oui bien. Il n'y avait ici autrefois qu'un champ et une pauvre masure, héritée de mon père. Avant d'aller à ma journée de maçon et le soir, en en revenant, ai-je donné des coups de pioche, puis planté, taillé, greffé mes jeunes arbres ! J'en mettais de toute espèce, même des plus longs à croître. Les voisins me disaient : « Père Berthier — car déjà j'étais d'âge — vous ne verrez pas grandir celui-ci ; celui-là ne donnera d'ombre qu'à vos petits-enfants. » Je répondais : « Eh bien ! est-ce qu'il ne faut pas songer à ceux qui viendront après nous ? tant pis si je n'en profite pas, pourvu que les miens en jouissent. » Et voilà que le bon Dieu m'a encore laissé en ce monde assez long-temps pour que je puisse voir grandir mes arbres et mes petits-enfants.

— Est-ce que vous avez aussi bâti la maison, grand-père ?

— Oui bien. J'ai eu les matériaux à bon compte. Et pourtant, ce qu'il a fallu économiser pour amasser le nécessaire ! C'était ta grand'mère qui mettait l'argent de côté, à mesure, dans une boîte de fer-blanc que nous appelions la maison.

Il rit.

— Elle a fini en effet par sortir de la petite boîte, la

maison. Dame ! il a fallu se priver. Je n'entrais pas
souvent au café prendre la tasse avec les camarades.
Ta grand'mère n'était jamais si contente que quand
elle pouvait venir me dire : « Tu sais, Isaac, ma robe
peut faire encore son hiver; c'est autant pour la maison. » Pauvre chère femme ! Ce qu'elle a été heureuse
aussi d'installer son Jean-Jacques ici ! Il faut dire qu'il
n'y a pas dans le village beaucoup de gens si bien
logés, et que même de plus riches n'ont pas des habi-
tations plus commodes.

— Oh ! oui, dit Rosine, elle est bien jolie la maison.

Il lui sembla qu'elle allait s'y plaire encore davantage, à présent qu'elle savait comment les grands-
parents avaient réussi à l'élever.

Elle se taisait. Elle se sentait reconnaissante envers
le grand-père qui avait tant travaillé et économisé
pour bâtir aux siens l'agréable demeure où elle passait si doucement ses vacances.

XXI. — GRAND-PÈRE ET PETITE-FILLE.

Le grand-père gardait aussi le silence.

Même il avait l'air un peu triste.

Peut-être, après avoir parlé de ses travaux passés,
il donnait un regret à ses forces qui peu à peu l'aban-
donnaient.

Peut-être il pensait à ses vieux amis morts avant
lui, à sa chère femme qui s'en était allée la première.

Les vieux, parfois, même au milieu de leurs enfants,
se sentent seuls en ce monde quand tous ceux de leur
âge sont partis.

Rosine comprit qu'il fallait l'égayer.

Sur le banc, où ils s'étaient assis, elle se rapprocha
de lui ; elle posa timidement une petite main carres-
sante sur sa vieille main ridée.

Le vieillard sourit. Ce geste affectueux lui réchauffait
le cœur. De nouveau il parla, raconta beaucoup de
choses du temps d'autrefois.

Il y en avait que Rosine avait déjà entendues. Le
grand-père n'avait plus une bien bonne mémoire. Il
répétait quelquefois les mêmes histoires.

Il avait vu tant de choses en sa longue vie ! tant
pensé ! tant travaillé ! Sa pauvre tête était fatiguée.

Rosine eut envie de dire : « Grand-père, vous m'avez
déjà raconté cette

Fig. 21. — Tout le monde attendait debout que
le grand-père eût pris place.

histoire. » Mais bien vite elle se retint.

Cela aurait chagriné le grand-père et elle l'aimait
trop pour le chagriner.

— Grand-papa ! grand-papa ! cria Marthe, qui venait
vers eux en trottinant, la soupe est servie.

Dans la salle, tout le monde attendait debout, avec
un air respectueux, que le grand-père eût pris place
(fig. 21).

— Ah ! mes chers enfants, dit-il en s'asseyant, je
vous ai un peu fait attendre. C'est que nous avons
fait là-bas sous le tilleul une bonne causette avec ma
petite-fille Rosine.

Cela fit plaisir à Rosine de voir que le grand-père
était content de sa matinée.

XXII. — LA COIFFURE DE CES DEMOISELLES.

Comme il y a à faire dans une famille !

Tantôt avec le grand-père, tantôt avec les enfants,

Rosine maintenant avait toujours à s'occuper de quelqu'un.

Parfois mademoiselle Sophie lui confiait le poupon.

Assise sur une chaise basse, le pied droit sur un petit banc, elle était très fière de lui faire faire son sommeil sous les grands arbres.

Mais le plus souvent, c'étaient Marthe et Toinette qui réclamaient ses soins.

Nanie l'avait chargée de tenir en ordre la chevelure de ces mignonnes petites dames. Ce n'était pas petite affaire.

On se roulait sur des tas d'herbes sèches; on courait comme des chevaux échappés. Alors c'étaient, dans les toisons blondes, des nœuds épouvantables qu'on ne démêlait qu'à force de patience.

Fig. 22. — La coiffure de ces demoiselles.

Or la patience n'était pas la qualité dominante de Rosine. Les premiers jours, elle se fâchait tout rouge quand la petite bougeait, et la petite, grondée et les cheveux tiraillés, criait et bougeait de plus belle.

Nanie plus d'une fois eut à mettre la paix.

Cela s'arrangea peu à peu, surtout à partir d'un jour où Rosine eut une fameuse idée.

Elle promit aux fillettes une histoire pendant qu'elle les coifferait. Ce moyen réussit.

Les petites se tinrent tranquilles et Rosine, occupée à conter l'histoire, oublia de gronder (fig. 22).

Du reste, les cheveux complètement démêlés et bien brossés chaque jour devinrent aussi moins rebelles.

Un petit ruban noué autour de la tête rendait ces demoiselles tout à fait gentilles au sortir des mains de leur coiffeuse.

Rosine avait soin de laver le ruban dès qu'il était terni et de passer peigne et brosse à l'eau de savon chaque samedi.

XXIII. — AUTRES SOINS DE TOILETTE.

Rosine fut aussi chargée de laver la figure et les mains des petites avant chaque repas.

Jusqu'alors elle oubliait parfois, il faut l'avouer, de prendre ce soin pour elle-même.

Elle s'aperçut qu'elle avait des mains fort négligées. Ses ongles n'étaient pas toujours absolument propres. Elle en eut honte, surtout en voyant ceux de mademoiselle Sophie, qui faisait pourtant la cuisine, mais qui avait des mains très soignées.

FIG. 23. — Le cabinet de toilette.

Les dents de la petite fille laissaient aussi à désirer. Elle prit l'habitude de les savonner soir et matin avec un linge frotté de savon de cuisine et de se rincer la bouche après les repas.

Au bout de quelques jours, le petit miroir à cadre

de bois jaune lui montra une belle rangée de dents très nettes et très blanches (fig. 23).

En faisant la toilette des enfants, elle devint plus minutieuse pour quelques autres détails qu'elle était sujette à oublier. Elle se savonna chaque jour le cou, les oreilles, la racine des cheveux avec grand soin.

Ses cheveux furent arrangés avec plus de goût.

Bref, cette petite fille, qui n'était pas jolie, devenait en somme très agréable à regarder.

Il est vrai qu'elle avait généralement un air heureux et de bonne humeur.

Et ce qu'on aime avant tout, dans un visage d'enfant, de jeune fille ou de femme, c'est une physionomie gracieuse et gaie.

XXIV. — LE BAIN.

De grand matin, la vieille Mion a porté des arrosoirs d'eau pour remplir un grand baquet dans le jardin. Le baquet est resté tout le jour au soleil. Si bien que l'eau est presque tiède.

Voici l'ombre qui gagne.

— Enfants, crie mademoiselle Sophie qui vient de plonger sa main dans le baquet, l'eau est à point. Descendez vite.

Fig. 24. — Le bain.

Rosine et les deux petites accourent, une simple chemise sous leurs grands sarreaux.

S'est-on fait une fête de prendre le bain par ce jour de chaleur brûlante !

Mais à présent voilà Toinette qui a peur.

Elle serre ses petites mains sur sa poitrine pour empêcher qu'on ne lui enlève son tablier.

Elle regarde le baquet avec des yeux terrifiés (fig. 24).

Il faut que Rosine lui donne du courage en entrant la première dans la baignoire ; puis que Marthe, qui veut faire la grande fille, se laisse aussi plonger dans l'eau jusqu'au cou par tante Sophie. Marthe a poussé un petit cri en se voyant disparaître dans l'abîme du baquet. Mais vite elle se remet, ou fait semblant.

Elle serre très fort sous l'eau le bras de Rosine. De l'autre main elle fait clapoter* l'eau ; elle assure sa petite sœur que c'est très amusant.

Toinette à présent en est si persuadée qu'elle ôte elle-même son tablier et voudrait vite que sa sœur sortît du bain pour que ce soit son tour.

L'y voilà ! Elle n'a plus peur du tout. Elle fait toutes sortes de niches à Rosine, lui lance de ses dix petits doigts des gouttes d'eau dans la figure et rit comme une petite folle.

Oh ! le bon bain !

A mesure que les fillettes en sortent, mademoiselle Sophie les frictionne vigoureusement ; elle donne même quelques petites claques pour achever de bien rougir la peau. On crie un peu, mais on rit encore plus. Certes, l'on n'a pas froid au sortir de ses mains. C'est que mademoiselle Sophie a l'habitude de baigner les enfants.

— Quel dommage, soupire-t-elle, de ne pouvoir leur donner un bain chaque jour, comme je fais en Angleterre pour mes *boys**! Regarde, Nanie, si le sang circule bien dans ces petits membres! Vois comme la peau est souple ! Le bain est la moitié de la santé pour les enfants. Une extrême propreté est le meilleur moyen d'éloigner une foule de maux.

XXV. — Un nouvel arrivant.

— Rosine, Rosine, venez voir !

Rosine courut à la cuisine.

Sur une chaise, près de la porte de la rue, une grosse femme était assise.

Elle tenait sur ses genoux un garçonnet qui se jeta contre sa poitrine avec effarement en voyant entrer Rosine.

— C'est Jean-jean ! cria Nanie, regardez donc s'il est beau.

— Je crois bien ! dit la nounou. Ce n'est pas pour me vanter, mais on n'en trouverait pas beaucoup, mademoiselle, de si bien venus dans c'te contrée. Tâtez-moi ces joues ! et ces jambes donc ! Et puis ce n'est

Fig. 25. — Ça ne connaît que le lait, cet enfant.

pas du beurre ; rien de mollasse. Tout ça est ferme comme une belle pêche mûre.

— C'est vrai, nounou*, dit Nanie. Votre nourrisson vous fait honneur.

— Ah ! dame ! c'est que j'y ai pris peine, allez. J'ai bien suivi tout ce que m'a dit madame Berthier. Ça ne connaît que le lait, cet enfant (fig. 25). Il y en a tant qui les empâtent avec de grosses soupes. Les voisines plus de vingt fois m'ont dit : « La Christine, faites donc comme les autres ; le petit n'en pâtira pas plus et vous serez plus tranquille. » — « Jamais de la vie, je répondais. Ce qui est promis est promis; j'ai dit à la mère que le petit aurait du lait et rien que du lait : le petit en aura ».

Il est sûr que Jeannot avait joliment profité chez cette nourrice consciencieuse. On voyait cela à ses joues rebondies comme des pommes d'api et aux yeux vifs qu'il jetait autour de lui pour vite se cacher dès qu'on le regardait.

C'était un malin petit personnage qui donna passablement de fil à retordre à toute la maison quand la nounou fut repartie.

Il bramait la nuit de toute la force de ses robustes poumons et personne n'aurait pu dormir, si mademoiselle Sophie ne l'avait promené sur ses bras avec une patience infatigable.

Rosine se demandait si elle avait donné autant de peine à sa mère quand il avait fallu la sevrer *.

Elle commençait à comprendre qu'elle devait bien plus à ses parents qu'elle ne se l'était figuré.

XXVI. — LES REPAS DE M. JEANJEAN.

La petite fille trouvait son nouveau cousin bien plus désagréable que le tout petit.

Au moins le bébé dormait presque constamment. Mais M. Jeanjean, lui, ne dormait pas souvent. Ce petit être était d'une turbulence * extrême. Comme il ne marchait pas encore, il prenait des accès de rage lorsqu'on ne le portait pas tout de suite où il voulait aller.

Il n'était pas commode non plus lorsqu'il avait faim. Il poussait des cris perçants qui faisaient dire à Rosine, en se bouchant les oreilles : « Oh ! le petit monstre ! »

Par exemple, il se calmait subitement dès que la soupe paraissait : une bonne petite soupe au lait, pas trop épaisse, que mademoiselle Sophie venait de préparer avec le plus grand soin.

Encore, la soupe faite, ne la prenait-il pas volontiers de toutes mains.

Quand Rosine essayait, elle ne réussissait ordinairement qu'à barbouiller affreusement la figure de Jeanjean qui s'agitait sur ses genoux comme un petit démon.

Au contraire, avec mademoiselle Sophie, cela passait toujours comme une lettre à la poste (fig. 26).

C'est que mademoiselle Sophie y mettait beaucoup de calme et de douceur.

Fig. 26. — Avec mademoiselle Sophie, cela passait comme une lettre à la poste.

Elle s'assurait que la soupe n'était pas trop chaude.

Elle appuyait juste ce qu'il fallait la cuiller sur les lèvres.

Elle n'allait pas trop vite.

A force de la regarder faire, Rosine découvrit qu'il n'y avait pas d'autre secret que ces petits soins.

La petite fille finit par faire accepter sa soupe à Jeannot les jours où mademoiselle Sophie était trop occupée.

XXVII. — UNE PETITE MAITRESSE D'ÉCOLE.

Mais c'était encore avec Marthe et Toinette que Rosine se plaisait le plus.

Elles étaient très drôles, ces petites.

Comment Rosine avait-elle pu les tant dédaigner à son arrivée ?

Depuis qu'elle s'occupait gentiment des fillettes, celles-ci raffolaient de leur cousine.

Dès que Nanie disait qu'elle n'avait plus besoin de Rosine, elles la tiraient par son tablier en criant :

— Oh ! Rosine, Rosine, viens vite nous faire l'école dans le jardin.

Jouer à l'école, c'était le grand plaisir de Marthe et de Toinette, qui n'allaient pas encore en classe.

FIG. 27. — Marthe et Toinette écoutaient gravement la leçon.

Assises sur deux petites chaises en face de Rosine, elles écoutaient gravement la leçon (fig. 27).

Rosine lisait dans un livre que les petites ne comprenaient pas.

Aussi la classe ne devenait amusante que quand la maîtresse grondait et distribuait des punitions :

— Au coin, mademoiselle !

— Une mauvaise note, Toinette.

— Marthe, vous serez en retenue.

Ça, c'était le plaisir.

Pour un peu, la maîtresse aurait distribué des tapes. Cela aurait mis le comble à la joie.

XXVIII. — LA LEÇON DE CALCUL.

Un jour, Rosine imagina, pour renouveler le jeu, de donner à ses cousines une vraie leçon.

— Voulez-vous que je vous apprenne à calculer? dit-elle.

— Oui, oui!

On ramassa des petits cailloux

Rosine en aligna une rangée sur son livre, qui tint lieu de table.

On apprit à compter cinq cailloux, puis dix (fig. 28).

Toinette avait bien un peu de peine. Elle oubliait de dire *huit*, entre *sept* et *neuf*.

Mais Marthe comptait sans se tromper.

Après les cailloux on compta

Fig. 28. — On apprit à compter cinq cailloux, puis dix.

ses doigts, puis des feuilles de buis*, des noisettes, enfin tout ce qu'on trouva.

C'était très amusant.

Rosine dut promettre d'en enseigner encore plus long à ses élèves le lendemain.

On apprendrait à connaître les nombres pairs et impairs et beaucoup d'autres choses curieuses.

— Comme les enfants sont sages aujourd'hui! disait la tante Berthier à sa sœur.

— Oh ! répondit mademoiselle Sophie, c'est qu'elles sont avec Rosine. Cette petite a un talent particulier pour les occuper.

XXIX. — LA CÉTOINE.

— Voulez-vous voir quelque chose de joli ?
Rosine venait de s'asseoir à terre, son tablier replié sur ses genoux.

Les petites se précipitèrent à ses côtés.

Rosine entr'ouvrit le tablier et montra une belle rose à cent feuilles.

— Ce n'est qu'une rose, dit Marthe un peu désappointée.

— Une rose, c'est déjà bien beau, observa Rosine en riant, mais il y a encore autre chose, regardez !

Elle écartait avec précaution les feuilles de

FIG. 29. — La bestiole tapie dans la rose était une grosse cétoine.

rose sous lesquelles était un bel insecte. Marthe et Toinette poussèrent un cri de plaisir.

Les bêtes, c'est plus amusant que les fleurs pour les tout petits, parce que ça bouge.

La bestiole tapie dans la rose était une grosse cétoine (fig. 29).

Elle agitait ses courtes antennes et se cramponnait de ses six pattes aux parois de son berceau rose.

Rosine fit compter ses pattes aux petites, puis elle leur expliqua que la petite bête avait deux paires d'ailes. Les ailes d'un si beau vert brillant, que l'on voyait, étaient les élytres*. Dessous, il y en avait d'autres, toutes fines.

Justement la cétoine soulevait ses élytres.

On apercevait les ailes transparentes.

— Elle va se sauver ! s'écria Toinette avec regret.

— Et nous la laisserons faire, dit Rosine. Elle est si heureuse de pouvoir voler !

La cétoine prit son vol et les enfants crièrent :

— Bon voyage ! bon voyage !

XXX. — TOINETTE A PEUR.

Il y a comme cela autour de nous des milliers de choses belles et curieuses à regarder.

Tous les jours, Rosine et ses petites cousines en découvraient de nouvelles dans le jardin.

Le lendemain, elles virent une araignée (fig. 30).

Toinette, qui en avait peur, se sauva en criant.

Fig. 30. — Le lendemain elles virent une araignée.

Marthe voulait tuer la vilaine bête à longues pattes.

— Gardons-nous en bien, dit Rosine, viens plutôt la voir travailler.

L'araignée était en effet suspendue au bout d'un long fil et elle faisait sa toile.

Ce que c'est joli à voir tisser une toile d'araignée!

Les trois enfants restèrent émerveillés pendant un grand quart d'heure.

Une autre fois, on rencontra une chenille. Pour le coup, Marthe voulait mettre dessus son sabot; son papa lui avait dit que les chenilles mangent les choux.

Mais Rosine expliqua qu'il y a différentes espèces de chenilles.

Celle-là était une chenille de marronnier. Elle ne faisait pas de mal aux légumes et elle deviendrait un superbe papillon.

Au mot de papillon, Toinette découvrit un peu ses yeux qu'elle avait cachés de ses deux mains en apercevant la chenille.

— Est-ce que tu avais peur? dit Rosine en riant.

— Oh! oui, dit la fillette.

— Petite niaise! il ne faut pas avoir peur de ces bestioles. Et nous devons bien nous garder aussi de leur faire du mal inutilement. Comme nous elles sont contentes de vivre dans ce joli jardin. Écoutez comme les abeilles bourdonnent gaiement.

Quand on eut un peu écouté, Rosine se mit à chanter la jolie chanson:

Bour, bour, bour,
Bourdonne à l'entour
Sur la rose et la jonquille
Petite abeille gentille,
Bour, bour, bour,
Bourdonne à l'entour!

XXXI. — LA MÈRE INSTITUTRICE.

Les petites voulurent répéter la chanson.

Le soir, elles la redirent à leur maman qui la trouva jolie.

La tante Berthier fut contente de voir que ses petites filles, tout en s'amusant, apprenaient chaque jour quelque chose de nouveau.

Elle dit à Rosine en souriant :

— Tu feras une bonne sœur aînée pour les trois petits frères, quand ils reviendront de Buénos-Ayres, et plus tard une bonne petite mère de famille. Une maman ne doit pas seulement nourrir, vêtir, soigner ses enfants; il faut encore qu'elle s'occupe de leur intelligence et de leur petite âme. Ah! oui, notre tâche est grande. Nous devons apprendre à nos enfants à aimer, ouvrir leur cœur à la bonté, bonté pour tous, pitié pour les faibles. Mon Dieu? comme je voudrais que les miens soient bons !

La tante se parlait à elle-même, plutôt qu'à Rosine.

Mais l'accent dont elle avait dit ces derniers mots frappa la petite fille.

Elle retint les paroles de sa tante.

XXXII. — PAUVRE MÉDOR.

Rosine était très occupée.

Elle écrivait à sa mère.

Les enfants avaient promis d'être bien tranquilles jusqu'à ce que la lettre fût finie.

Le chien Médor entra dans la salle et vint se frotter à Rosine.

Elle le renvoya assez rudement sans le regarder.

Médor revint à la charge.

Comme Rosine ne se dérangeait pas, il se mit à pousser de petits grognements.

— Oh! que tu es ennuyeux! s'écria la petite fille impatientée. Marthe, mets donc Médor à la porte.

— Allez, Médor, allez, dit Marthe en le chassant. Mais tout à coup elle cria :

— Oh! qu'est-ce.qu'il a, Rosine? regarde : il tient sa patte en l'air.

Médor en effet boitait très bas.

Rosine posa sa plume; le chien s'arrêta et se mit à gémir en regardant la petite fille.

— Je crois qu'il a du mal, dit-elle.

— Pauvre Médor! firent les petites.

Rosine se leva, prit la patte de Médor et vit qu'une grosse épine d'acacia était plantée entre deux de ses doigts.

Fig. 31. — Les soins donnés à Médor.

— C'était donc pour ça, mon brave chien, que tu venais me trouver? Et moi qui te chassais !

Avec précaution, pour ne pas la casser, elle enleva la grosse épine.

La patte saignait.

Les gouttelettes rouges ne firent pas peur à Rosine. Elle mena Médor dans le jardin, dit à Marthe d'apporter son petit arrosoir et fit couler de l'eau sur la patte malade (fig. 31).

Médor avait peut-être bien un peu envie de retirer sa patte, mais Rosine lui disait de sa voix la plus douce ;

— Patience, mon brave Médor, c'est pour te guérir.

Médor se laissa faire comme un chien très raisonnable.

Quand ce fut fini, il remercia Rosine par de grands frétillements de queue.

— Comme il est content, Médor! fit Toinette.

— C'est parce que Rosine lui a ôté son mal, observa

judicieusement Marthe. Il va bien l'aimer, n'est-ce
pas, Rosine ?

XXXIII. — TOINETTE FAIT UN GRAND EFFORT.

Toinette était debout, la tête penchée, sur le chemin
sablé qui conduit au grand tilleul.

Elle regardait avec horreur un émouvant spectacle.
Dans le sable une petite bête à bon Dieu était tombée
sur le dos.

La bête à bon Dieu agitait en l'air ses fines pattes
noires sans parvenir à se retourner.

Rosine avait dit à Toinette que c'était très désagréable pour les
insectes   d'être
ainsi sur le dos ;
même dangereux :
d'autres bêtes plus
grosses pouvaient
venir et les dévo-
rer.

Pauvre   cocci-
nelle* !

Toinette   avait
pitié d'elle en son-
geant qu'elle allait
être mangée.

Mais elle avait
peur aussi, peur
de la toucher. Une

Fig. 32. — Elle présenta le bout de son doigt
à la bête à bon Dieu.

fois elle avait étendu sa main vers la petite bête, puis
elle l'avait retirée.

A la fin, elle prit son grand courage ; elle s'age-
nouilla et, détournant un peu la tête, elle présenta le
bout de son doigt à la bête à bon Dieu (fig. 32).

La coccinelle s'y accrocha, souleva ses élytres de

corail*, déploya ses petites ailes de gaze* et s'envola vers le ciel bleu.

En se retournant pour la suivre des yeux, Toinette aperçut Rosine et mademoiselle Sophie qui l'avaient rejointe et qui souriaient.

— Est-ce que la petite bête est contente, demanda-t-elle à sa tante, comme Médor le jour où Rosine l'a guéri?

— Certainement, dit la tante. En s'envolant elle bourdonne : « Vive la petite fille compatissante ! Que c'est bon, que c'est bon de rencontrer des gens qui vous aident ! Oh ! que la vie est belle et que je suis donc contente de n'être pas morte sur le chemin ! »

— Moi aussi je suis contente, dit Toinette.

Mademoiselle Sophie s'était assise et avait pris la petite sur ses genoux.

— La bête à bon Dieu a raison, dit-elle en l'embrassant. Oui, petite, la vie est belle et tu es venue dans ce monde pour aimer, pour être bonne et secourable à tous les êtres.

« Que sur vos pas, enfants, naisse toujours un peu de joie. »

PRÉCEPTES DU LIVRE III

Ton devoir d'aujourd'hui.

53. Ne rêve pas à ta tâche future; accomplis ta tâche présente.

54. C'est *aujourd'hui* qu'il faut faire ton devoir.

Jour après jour, heure après heure, *fais tout ce que tu dois.*

55. Tu es un enfant : **ton premier devoir est d'obéir.**

56. Obéis à tes **parents, obéis** à tes **maîtres.**

57. Ne raisonne jamais avec ceux qui ont le droit de te commander.

58. « **Honore ton père et ta mère** ».

59. Les aimer ne suffit pas : il faut les **respecter.**

60. Aie confiance en eux. *Dis tout à ta mère.*

Tes grands-parents.

61. As-tu tes grands-parents ? **honore-les, aime-les** comme tu aimes et honore ton père et ta mère.

62. Pense, enfant, qu'ils ont travaillé pour tes parents et pour toi-même avant que tu fusses au monde. Sois **reconnaissante.**

63. Ils sont vieux, peut-être infirmes. Entoure-les de **soins,** de **prévenances,** d'**attentions.**

64. Sois **caressante ;** les vieux ont besoin que la tendresse de leurs petits-enfants leur réchauffe le cœur.

Tes frères et sœurs. Soins de toilette.

65. Songe aussi à te rendre utile à tes **frères** et **sœurs** que tu aimes.

66. Soulage ta mère des soins que tu peux leur rendre à sa place.

67. Lave et peigne les petits.

68 Fais-le avec **patience et douceur.**

69. Habitue-les à être **propres** et **soigneux**.

70. Apprends-le pour toi-même en les y habituant.

71. Ne viens jamais à table qu'avec des mains **bien lavées,** une chevelure **en ordre.**

72. Donne-leur l'exemple de la **bonne tenue.**

Tes frères et sœurs. L'éducation mutuelle.

73. Ta mère n'est pas toujours à la maison. Elle te donne à garder tes frères et sœurs. Veux-tu que ces petits se plaisent avec toi? **Occupe-les sans cesse.**

74. Ils aiment à *jouer*. Joue **de bonne grâce** avec eux aux jeux qui les amusent le plus.

75. Ils aiment aussi **apprendre.** Montre-leur qu'il n'y a qu'à ouvrir les yeux pour voir partout des quantités de choses curieuses.

76 A la campagne, **fais-leur observer** les plantes, les fleurs, les insectes.

77. Apprends-leur à **compter.** Amuse-les, si vous êtes en ville, à des dessins, à des découpures.

78. Fais-leur répéter les **chansons** de l'école.

79 Tous les jours ils sauront davantage et aimeront un peu plus leur grande sœur. Entre des enfants ainsi gentiment occupés, **jamais de ces vilaines querelles** qui s'élèvent quand on ne sait que faire.

80. Surtout, fillette, apprends-leur et apprends

avec eux à être une enfant **compatissante et bonne**.

RÉSUMÉ (à réciter).

1. Mon premier devoir d'enfant est d'obéir. J'obéirai à mes parents, à mes maîtres.

2. Je ne raisonnerai jamais avec ceux qui ont le droit de me commander.

3. J'honorerai mes parents, je les respecterai, j'aurai confiance en eux.

4. J'honorerai et j'aimerai mes grands-parents ; je leur serai reconnaissante.

5. Je me rendrai utile à mes frères et sœurs.

6. J'aiderai ma mère dans les soins de toilette qu'elle leur donne.

7. Je leur donnerai l'exemple de la propreté et de la bonne tenue.

8. Je jouerai avec les petits.

9. Je tâcherai de leur apprendre quelque chose.

10. Surtout je m'efforcerai d'être bonne pour les aider à le devenir.

Devoir de rédaction. — 1. Quels sont vos devoirs aujourd'hui envers vos parents, vos grands-parents, vos frères et sœurs ?

LIVRE IV
Cuisine.

XXXIV. — LE CARNET DE Mlle SOPHIE.

Mademoiselle Sophie allait partir pour l'Angleterre*.

Elle avait espéré laisser sa sœur sur pied. Mais madame Berthier avait pris à une jambe la maladie qu'on appelle *phlébite** ; elle devait rester étendue quelques jours encore.

— Comme c'est ennuyeux de vous laisser ! disait mademoiselle Sophie qui déjeunait en hâte, son chapeau déjà sur la tête, au coin de la grande table de la cuisine. Je ne sais comment tu vas te tirer d'affaire, ma pauvre Nanie ! Tant de besogne, ces quatre enfants, ma sœur à soigner et la cuisine encore par-dessus le marché !

— Je ferai de mon mieux, mademoiselle, répondait Nanie. Mion est solide malgré ses soixante ans et Rosine m'aidera beaucoup.

— Oh ! oui, dit la petite fille en passant amicalement son bras sous celui de la jeune servante. Tout travail est si agréable quand on le fait avec Nanie !

— Vous êtes de braves enfants et je sais que vous vous mettrez en quatre pour que tout marche. C'est la cuisine qui m'inquiète un peu. Ah ! cela me rappelle que j'ai un petit carnet de recettes qui pourrait vous être fort utile. Veux-tu que je te le laisse, Nanie ?

— Je crois bien !

— Va vite voir s'il n'est pas précisément tout au

haut de ma malle, avec mon *prayer-book** anglais.
Tiens ! Voici la clef pour ouvrir.

Nanie revint, un mince carnet à la main.

— C'est bien cela, n'est-ce pas ?

— Parfaitement. Le carnet n'est pas gros, mais il
pourra quand même vous rendre quelques services
pour vos débuts. J'ai
justement noté là ce
qu'on ne trouve pas
toujours dans les livres
de cuisine. Ces livres
sont pleins de recettes
compliquées. Pour les
exécuter, il faut être un
cordon bleu et cuisiner
dans un château. Mon
carnet donne la prépa-
ration des mets les plus
simples : soupes, pom-
mes de terre, œufs,

Fig. 33. — Le carnet de mademoiselle
Sophie.

quelques manières d'apprêter les viandes (fig. 33).
Si vous le suivez de point en point, mesdemoiselles,
je crois qu'il vous aidera à faire une bonne cuisine de
ménage.

— Y a-t-il aussi la recette des gâteaux du baptême ?
demanda Rosine.

— Je crois bien que oui, mais je les ai mis à la fin.
Les gâteaux, les plats au sucre, c'est du luxe. Il faut
d'abord apprendre à faire l'ordinaire courant et ne pas
trop songer aux friandises, bonnes seulement dans les
maisons riches. Chez nous, ces plats-là doivent être
réservés pour les jours de fête. Mais je crois bien que
voici les grelots du courrier qui tintent. Vite, je vais
faire mes adieux là-haut.

XXXV. — « NOTRE ROYAUME ».

C'était une cuisine bien commode que celle de la tante Berthier.

Quoiqu'une simple cuisine de campagnards, elle était bien montée de tout le nécessaire (fig. 34).

Il y a des ménagères qui reculent devant l'achat des ustensiles les plus utiles. Avoir un mortier pour piler, un hachoir et une petite planche à hacher, une grande passoire, il leur semble que c'est du luxe. En s'en privant, elles font une économie coûteuse. Faute de ces objets, elles ne peuvent pas tirer aussi bon parti des provisions et surtout des restes. Elles auraient vite regagné, en les mettant mieux à profit, le prix de ces ustensiles très bon marché.

Ainsi pensait madame Berthier.

Elle avait aussi en nombre suffisant pots et casseroles (fig. 35).

Parmi ces dernières, deux étaient réservées au lait

Fig. 34. — Une bonne ménagère a toujours des provisions.

Fig. 35. — La cuisine de tante Berthier.

et aux soupes au lait, qui ne veulent pas des ustensiles, même bien récurés, où l'on a mis du gras.

Un poêlon de cuivre étincelait parmi les casseroles
de fer battu et de fer-blanc. Les pots et cafetières
s'alignaient en ordre sur la planchette de la cheminée.

Tout cela avait si bon air que Rosine s'écria en se
frottant les mains :

— Comme ça va être amusant, Nanie, de faire de
cette jolie cuisine « notre royaume ».

— Oui, dit Nanie, et nous allons tâcher de la bien
entretenir pour la rendre à madame Berthier en aussi
bon état que nous la laisse mademoiselle Sophie.

— Mais c'est vous qui l'avez toujours entretenue,
Nanie?

— C'est vrai. Seulement, c'était très facile avec
mademoiselle Sophie. Elle a tant d'ordre et travaille
si proprement qu'on a bien vite fait de ranger et de
nettoyer après elle.

XXXVI. — ROSINE EST MARMITON.

Rosine eut quelque peine, les premiers jours, à
imiter mademoiselle
Sophie.

Dans son zèle à
« cuisiner », comme
elle disait, elle dé-
plaçait beaucoup de
choses et oubliait
souvent de les ran-
ger à mesure.

Alors, pour un
simple souper, la
cuisine prenait l'as-
pect d'un champ de
bataille qu'elle n'a-
vait pas eu même le

Fig. 36. — Rosine range et épluche
les légumes.

jour du baptême, quand mademoiselle Sophie y avait

fait un dîner de dix-huit couverts. Nanie tint ferme avec Rosine et ne lui permit de toucher aux mets à préparer que lorsqu'elle eût pris l'habitude de tenir les choses mieux en ordre.

Ranger et éplucher les légumes, ce fut tout ce qu'elle laissa faire d'abord à la fillette (fig. 36).

— On commence toujours par être marmiton, lui disait-elle en riant. Ici, c'est comme au régiment : il faut gagner son grade.

XXXVII. — LA MAIN A LA PATE.

Rosine monta en grade.

Fut-elle contente de mettre enfin la main à la pâte ! Elle était fière d'avoir quelque chose à faire *entièrement seule*.

C'était une soupe au lard et aux pommes de terre. Rosine avait lu et relu la recette dans le carnet de mademoiselle Sophie.

De plus, ce qui valait encore mieux, elle avait plusieurs fois regardé faire Nanie.

Fig. 37. — Il ne faut pas oublier de goûter la soupe.

Elle ne se tira pas trop mal de ce premier essai. La soupe était un peu douce. Rosine avait eu peur d'avoir la main lourde. Mais enfin cela valait mieux que d'avoir fait une saumure. Comme Rosine fit goûter la soupe à Nanie dix minutes avant de servir (fig. 37), on put parfaitement l'améliorer en y ajoutant quelques pincées de sel.

Les gens de la ville auraient peut-être trouvé la soupe trop épaisse. Heureusement l'oncle Berthier avait un goût différent. Il complimenta sa nièce d'avoir fait une soupe où la cuiller se tenait debout.

— Bravo, dit-il, tu seras une vraie paysanne. On a eu beau t'éduquer à la pension, ça ne t'a pas fait perdre les bonnes traditions. La soupe au lard, vois-tu, c'est le fond de la santé. Qu'en dites-vous, père?

— Oui, oui, fit Isaac Berthier, c'est le bon mortier qui rend la bâtisse solide.

— Seulement, petite, la reine des soupes, retiens ça, c'est la soupe aux choux.

— Je vous en ferai une demain, oncle. Nanie a dit que lorsque je saurai faire la première soupe du carnet de mademoiselle Sophie, je n'aurais qu'à varier les légumes pour savoir faire toutes les autres.

PRÉCEPTES DU LIVRE IV
Le pain.

81. On dit « gagner son pain » pour gagner sa

Fig. 38. — Pain rond.

vie, c'est que **le pain est l'aliment par excellence** (fig. 38).

82. On peut vivre presque uniquement de pain.

83. Une tranche de pain, est le meilleur, le plus sain des goûters pour un enfant.

La soupe.

84. La soupe est, après le pain, **le plus important de nos aliments** (fig. 39).

FIG. 39. — Soupière.

85. Une ménagère s'appliquera donc avant tout à faire d'excellente soupe *bien cuite, salée* et *assaisonnée à point.*

86. En France, la soupe est le *mets national.*

87. C'est la soupe qui fait la force de nos soldats.

88. La soupe est aussi le mets *le plus économique.*

89. La soupe peut se faire : au lard, au bouillon, au lait, au maigre (beurre ou huile).

1º Soupes au lard.

SOUPE AUX POMMES DE TERRE.

90. Emplis d'eau **aux trois quarts** et mets sur le feu la marmite ou la casserole (fig. 40).

91. Pendant que l'eau chauffe, pèle les pommes de terre, lave-les, coupe-les.

92. L'eau bouillant à gros bouillons, mets-y les pommes de terre.

93. Fais bon feu.

94. Si les pommes de terre « *languissaient* », la soupe aurait un mauvais goût terreux.

95. Coupe un morceau de lard,

Fig. 40. — Marmite et légumes

de préférence du lard de poitrine, entremêlé de gras et de maigre ou un morceau de saucisse.

96. En même temps que le morceau de salé, mets dans la soupe la quantité de **sel** convenable.

97. Ajoute **poireau** ou

Fig. 41. — Soupe au lard

herbe aromatique : menthe, cerfeuil musqué.

98. Laisse bouillir *une heure environ*

99. Assure-toi de temps à autre que la soupe ne risque pas de *brûler* (fig. 41).

100. Goûte. Ajoute du sel au besoin ; si la soupe est trop salée, mets au contraire de l'eau — eau bouillante si possible.

101. Assure-toi aussi que la soupe n'est ni *trop épaisse* ni *trop claire*.

102. Retire du feu et, au bout de **cinq minutes,** verse dans la soupière où tu auras préparé des tranches de pain.

Fig. 42. — Chou.

Fig. 43. — Botte de navets.

SOUPES AUX POMMES DE TERRE ET AUX LÉGUMES.

103. Tu peux **varier** la soupe aux pommes de terre en y ajoutant des légumes : choux (fig. 42), navets (fig. 43), raves, oignons, pois goulus, lentilles, haricots secs, pois chiches, oseille, cerfeuil.

Ne pas oublier de faire tremper les légumes secs dans l'eau froide pendant plusieurs heures avant de les cuire.

2° Soupes au bouillon.

Première recette. — POT-AU-FEU.

104. Mets la viande et les os bien lavés dans un pot de terre ou de métal émaillé (fig. 44).

105. Remplis d'eau *froide*.

106. Fais chauffer *lentement* jusqu'à ébullition.

107. **Écume**, puis **sale** et ajoute *légumes assortis :* carottes, panais, poireau, céleri, etc.

108. Tu n'as plus qu'à laisser bouillir doucement et régulièrement pendant *cinq heures.*

109. Ajoute de l'eau quand

Fig. 44. — Pot de terre, cruche à eau et viande.

c'est nécessaire. **Goûte** un quart d'heure avant la fin de la cuisson. Enlève la graisse au besoin.

110. Passe et verse le bouillon dans la soupière où tu as préparé des tranches de pain. Joins-y les légumes.

111. Le bouillon sera **meilleur** si, après avoir retiré la viande, tu peux le **laisser réduire** *une heure* avec les os et les légumes.

112. Pour conserver la quantité de bouillon qui ne s'emploiera pas le même jour, verse-le dans une terrine et place-le **au frais.**

113. Le bouillon ainsi préparé peut servir à faire des soupes variées.

114. Lave autant de poignées de riz qu'il y a de bouches à nourrir.

115. Jette dans le bouillon *bouillant.*

116. *Trois quarts d'heure* d'ébullition.

3°, 4°, 5° et 6° *recettes.* — SOUPE A LA SEMOULE; AU VERMICELLE; AUX PATES D'ITALIE; AU MACARONI.

117. Une cuillerée par convive.

118. Jeter toujours dans le bouillon *bouillant.*

119. La cuisson exige *vingt minutes* environ.

FIG. 45. — Macaroni, vermicelle, riz, etc.

Quelques minutes de plus pour le macaroni (fig. 45).

3° **Soupes au lait.**

Première recette.

120. Les soupes à la semoule, au vermicelle, aux pâtes d'Italie, au macaroni se font **au lait** comme **au bouillon.**

121. On peut mettre moitié eau, moitié lait.

122. Saler peu les soupes au lait.

123. Garder un **demi-verre de lait** à ajouter au dernier moment, sans lui laisser le temps de bouillir. Le mélanger vivement à la soupe pour la rendre **crémeuse.**

2° recette. — Soupe au riz.

124. Faire *crever* le riz à l'eau, c'est-à-dire le mettre dans la casserole en le couvrant d'eau seulement ; **ajouter de l'eau** à mesure.

125. Quand il est gonflé, ajouter le lait **peu à peu.**

126. *Une heure* de cuisson environ.

127. Le riz au lait demande à être bien surveillé ; il « *brûle* » facilement. S'il s'attache au fond, le changer vivement de casserole sans râcler la couche brûlée.

3° recette. — Soupe au potiron en purée.

128. Coupe en morceaux le potiron (fig. 46).

129. Fais-le *blanchir* (cuire à l'eau bouillante).

130. Retire-le quand il est mou et mets-le dans un linge que tu suspendras pour le faire **égoutter** une ou deux heures.

Fig. 46. — Potirons.

131. Écrase le potiron et fais-le cuire dans

la casserole avec du lait que tu ajouteras **peu à peu** en remuant avec la cuiller de bois.

132. Le potiron sera légèrement salé lorsqu'on le blanchira. Ajoute du sel en quantité convenable pendant la seconde cuisson.

4° Soupes au maigre.

Première recette. — SOUPE LÉGÈRE AU BEURRE.

133. Mets bouillir de l'eau avec un ou plusieurs oignons. Sale à point.

134. Ajoute un peu de beurre ou de l'huile d'olive.

135. Quand l'oignon est cuit, mets cerfeuil et un peu d'oseille. *Cinq minutes* de cuisson.

136. Sers sur des tranches de pain.

137. Cette soupe légère convient **aux malades.**

2° recette. — SOUPE DORÉE.

138. Fais *sauter* au beurre[1] carottes et oignons (fig. 47).

Fig. 47. — Carottes et oignons.

139. Sale, et mets, si tu veux, une pincée de farine.

140. La farine cuite, remplis la casserole d'eau bouillante.

---

1. *Sauter* veut dire en cuisine : faire cuire dans le beurre sans

141. Laisse bouillir doucement *vingt minutes* et sers sur des tranches de pain.

3° *recette*. — SOUPE AUX NAVETS SAUTÉS.

142. Dans la précédente, remplace carottes et oignons par des navets.

4° *recette*. — JULIENNE.

143. Fais *sauter* dans le beurre légumes divers coupés finement : carottes, navets, pommes de terre, haricots verts, pois, tomates, oignons, etc.

144. Sale. **Remplis** la casserole d'eau bouillante.

145. Fais cuire lentement près d'*une heure*.

146. Ajoute, si tu veux, oseille, menthe, cerfeuil musqué, etc.

147. Sers avec ou sans tranches de pain.

5° *recette*. — PANADE.

148. Remplis le pot ou la casserole de croûtes de pain passées au four (fig. 48).

149. Mouille à l'eau froide.

150. Fais cuire **doucement** pendant **trois quarts d'heure.**

151. Sale légèrement.

FIG. 48. — Pain, œuf et lait.

remuer à la cuiller; la cuisinière tenant la queue de la poêle ou de la casserole, fait *sauter* de temps à autre ce qui est dedans.

152. Au moment de servir, ajoute un demi-verre de lait ou un œuf entier. **Remue vivement.**

153. On peut aussi remplacer le lait par quelques cuillerées d'huile d'olive ou de noix.

6° recette. — SOUPE À LA PURÉE.

154. Fais bouillir des pommes de terre pelées, ou des pois cassés, ou des haricots rouges, ou des lentilles (détrempés d'avance à l'eau froide).

155. Réduit ton légume en **purée** en le passant à la passoire ou le pilant dans un mortier.

156. Fais fondre un peu de beurre ou de graisse à la casserole et y verse la purée.

157. Remue, puis ajoute, en remuant toujours, l'eau dans laquelle a cuit le légume jusqu'à consistance voulue (ni trop clair ni trop épais).

158. Sers sur des tranches de pain ou des croûtons frits.

159. Les soupes à la purée, surtout celles aux légumes secs, sont **très nourrissantes** et les **plus économiques** de toutes.

Les pommes de terre.

160. Il y a plusieurs manières d'accommoder les pommes de terre. En voici quatre.

Première recette. — POMMES DE TERRE BOUILLIES
OU EN ROBE DE CHAMBRE.

161. Choisis de belles pommes de terre (fig. 49).

162. Lave-les à plusieurs eaux.

163. Mets-les dans la marmite et couvre-les d'eau froide.

164. Fais bouillir une *demi-heure*[1].

165. Tâte les pommes de terre et, si elles deviennent molles, verse l'eau en ne laissant au fond de la marmite que juste ce qu'il faut pour l'empêcher de brûler. Remets sur le feu.

FIG. 49. — Pommes de terre en robe de chambre.

166. Quand la peau sera **bien éclatée**, tu serviras.

2° recette. — POMMES DE TERRE A L'ÉTOUFFÉE.

167. Pèle, lave et coupe en tranches des pommes de terre.

168. Mets-les dans une « *cloche* » ou « *cocotte* » (fig. 50) avec quelques carottes, oignons, girofle, feuille de laurier, sel, poivre.

1. Impossible de donner des indications complètement précises sur le *temps* qu'il faut pour la cuisson. Il varie suivant l'espèce de pommes de terre, le moment de l'année, enfin le chauffage employé (gaz, fourneau à houille, feu de bois).

169. Ajoute deux verres d'eau et un peu de beurre ou de graisse, si tu en as.

170. Laisse cuire douce- ment pendant *une heure* en re- muant de temps à autre.

171. Au der- nier moment,

Fig. 50. — Cocotte.

écrase de gros en gros les pommes de terre.

172. Mélange à cette sorte de purée un peu de *lait* ou de la *crème*.

3° *recette.* — GRATIN DE POMMES DE TERRE.

173. Les pommes de terre coupées comme précédemment, range-les dans un plat à *gratin*.

174. Mets entre les couches sel, poivre, un peu de beurre ou de graisse.

175. Remplis le plat de lait coupé d'eau.

176. Couvre de chapelure et fais cuire douce- ment au four *une bonne heure* au moins.

4° *recette.* — POMMES FRITES.

177. Les pommes **pelées** et **lavées**, coupe- les en tranches ou en filets.

178. Fais fondre dans la poêle un quart ou une demi-livre de saindoux (graisse blanche).

179. Mets les pommes à la *friture* très chaude.

180. Retire-les quand elles sont cuites et dorées, sans être trop croustillantes.

181. Verse dans un pot de grès la friture et couvre-la soigneusement pour t'en servir encore plusieurs fois.

Les œufs.

Première recette. — ŒUFS A LA COQUE.

182. Mets tremper des œufs frais dans l'eau froide (fig. 51).

183. Avec une cuiller, plonge-les dans l'eau bouillante en ayant soin de ne pas les casser.

FIG. 51. — Œufs à la coque.

184. Quand tu auras compté jusqu'à **cent**, ils seront **cuits à point**.

2e recette. — ŒUFS SUR LE PLAT OU AU MIROIR.

185. Fais fondre du beurre dans un plat de terre ou de fer.

186. Casse des œufs sur une assiette ou sur un plat en ayant soin de ne pas **rompre le jaune** (fig. 52).

187. Verse dans le beurre chaud.

188. Saupoudre de sel fin.

Fig. 52. — Œufs sur le plat.

189. Sers dès que le blanc d'œuf cesse d'**être transparent**.

3° *recette.* — OEUFS BROUILLÉS.

190. Dans un poêlon, fais fondre du beurre.

191. Le beurre chaud, casse rapidement les œufs et les jette à mesure dans le poêlon.

192. Avec la cuiller, **romps les jaunes** et mêle vivement en détachant à mesure la couche qui s'attache au fond du poêlon et la broyant avec les autres.

193. Sale et sers avant que le blanc **soit durci**.

4° *recette.* — OMELETTE.

194. Casse des œufs dans un plat creux.

195. Sale-les.

196. Bats vivement *trois minutes* à la fourchette.

197. Verse aussitôt dans la friture chaude.

198. *Plic* l'omelette quand elle est encore **filante** et sers-la (fig. 53).

On **varie** l'omelette en lui ajoutant lard,

Fig. 53. — Omelette.

jambon, fromage, oseille, ciboulette, rognons de veau, épinards apprêtés, etc.

Omelette économique.

199. Délaie à l'eau quelques cuillerées de farine. Ajoute *un quart de verre* de bière.

200. Casse et mêle à la pâte un ou deux œufs. Sale.

201. Laisse lever cette pâte une heure.

202. Fais frire comme l'omelette. *Tourne* au lieu de *plier*.

203. L'anchois pilé, ajouté à la pâte, donne à cette omelette un goût plus relevé.

Les viandes.

204. Le **salé** qui a assaisonné la soupe au lard est la viande des ménages de campagne. Il se sert au sortir de la marmite, sans préparation.

205. De même pour le **bœuf** ou le **mouton** qui a servi au pot-au-feu. Accompagné d'une salade, il fait un excellent repas.

Première recette. — BŒUF RÔTI.

206. Dans un plat de terre ou de fer, mets le morceau de bœuf avec une certaine quantité de graisse (fig. 54).

Sale légèrement la viande.

207. Fais cuire au four en arrosant souvent avec la graisse.

208. Sale de nouveau au milieu de la cuisson, plus ou moins longue, suivant le morceau.

Fig. 54. — Bœuf rôti.

209. Quand la viande est cuite et bien colorée, retire la plus grande partie de la graisse et verse-la dans un pot bien couvert pour l'utiliser comme assaisonnement.

210. Ajoute peu à peu de l'eau pour faire le jus. Arrose plus souvent encore pendant cette dernière partie de la préparation.

211. Tiens le four ouvert, s'il est un peu chaud, afin que la viande ne se **dessèche pas**.

2° *recette.* — Veau rôti.

212. Se fait comme le bœuf.

213. Il est utile de mettre, en même temps que la graisse, carotte, oignons et gousse d'ail pour colorer le jus et donner plus de goût.

3° *recette.*
Mouton rôti.

214. Même re-cette. Pas de ca-rotte (fig. 55).

4° *recette.*
Bœuf en daube.

215. Dans une casserole ou une cocotte qui puisse bien fermer, mets ta pièce de bœuf.

216. Sale, poi-vre, ajoute ail, laurier, thym, persil, oignon, poignée de ca-rottes.

Fig. 55. — Gigot de mouton.

217. Remplis avec eau, un verre de vin, vinaigre plus ou moins suivant le morceau.

218. Laisse bouillir pendant 4 *à* 5 *heures.*

219. Pas d'autre soin à prendre que de regar-

der de temps en temps si la daube ne réduit pas trop vîte et de la goûter.

Fig. 56. — Veau à la casserole.

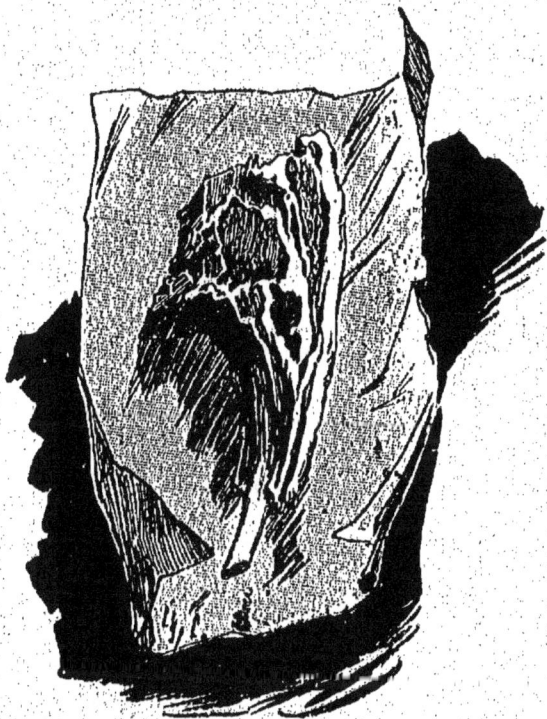

Fig. 57. — Côtelette.

5° *recette.* — VEAU A LA CASSEROLE.

220. Couvre le fond d'une casserole de carottes, oignons, gousse d'ail, tranches de lard (fig. 56).

221. Pose dessus le morceau de **veau.** Ajoute graisse ou beurre et quelques cuillerées d'eau.

222. Sale et poivre un peu.

223. L'eau évaporée, **fais roussir** le veau dans la graisse.

224. Quand il a cuit sur les deux faces, ajoute de l'eau *peu à peu* pour faire le jus et achever de colorer.

225. Dégraisse le jus avant de servir, si c'est nécessaire et, comme toujours, mets en réserve pour des apprêts cette graisse de rôti.

6° recette. — BIFTECKS ET COTELETTES.

226. Les cuire sur le gril ou à la poêle (fig. 57).

227. Mais ce sont des mets de luxe **peu économiques.** Il y a **plus de profit,** pour un ménage simple, à prendre un morceau de viande plus gros qui servira pour plusieurs repas.

Les restes de viande.

228. Ils peuvent être servis *froids,* en *ragoût,* en *hachis.*

229. La ménagère économe doit mettre le plus grand soin à les utiliser.

Première recette. — SALADE CHAUDE DE BOEUF.

230. Fais *sauter* à la poêle oignons et carottes.

231. Quand ils sont bien cuits, ajoute les restes de bœuf.

232. Sel, poivre et mets au moment de servir un filet de vinaigre.

2° recette. — BLANQUETTE DE VEAU.

233. Dans du beurre chaud **délaie** de la farine avec une cuiller de bois (fig. 58).

234. La farine cuite sans être roussie, ajoute de l'eau. Laisse bouillir un quart d'heure.

235. Mets dans cette sauce les restes de veau.

236. Lie la sauce au dernier moment avec un jaune d'œuf battu dans du vinaigre.

FIG. 58. — Blanquette de veau.

3° *recette.*
RAGOÛT DE MOUTON.

237. Même sauce que précédemment, mais la farine plus roussie.

238. Fais-y cuire oignons et quartiers de pommes de terre.

239. Ajoute les restes de viande *un quart d'heure* avant de servir.

FIG. 59. — Hachis.

4° *recette.*
HACHIS DE VIANDE.

240. Hache la viande (fig. 59).

241. Fais-la revenir à la graisse dans une casserole. Ajoute sel et farine.

242. Quand l'odeur de la farine annonce qu'elle est cuite, ajoute de l'eau jusqu'à ce que le hachis ait une consistance convenable.

243. Sers le hachis **tel quel** ou emploie-le

pour *farcir* tomates, oignons, pommes de terre, courges, aubergines, concombres, etc.

5° *recette*. — GRATIN HOLLANDAIS.

244. La viande hachée, prends du riz que tu as fait *crever* à l'eau et au sel.

245. Mélange riz et hachis.

246. Place dans un plat creux et fais gratiner *doucement*.

6° *recette*. — GRATIN FRANÇAIS.

247. Même recette. Remplace le riz par des pommes de terres bouillies et écrasées.

RÉSUMÉ (à réciter).

1. Le pain est l'aliment par excellence ; la soupe est un des plus économiques.

2. Je m'appliquerai à faire d'excellente soupe bien cuite, salée et assaisonnée à point.

3. Les pommes de terre constituent un aliment sain et nourrissant.

4. Les œufs servent à faire des mets légers ; ils conviennent surtout aux enfants et aux malades.

5. Les viandes sont très nourrissantes et s'accommodent de différentes manières.

Devoirs de rédaction. — 1. Indiquer la manière de préparer une soupe aux pommes de terre.

2. Votre mère vous a chargée de préparer un déjeuner ; dites les mets que vous avez choisis, et comment vous les avez préparés.

3. Citez les différentes manières de préparer les œufs.

4. Comment fait-on le bœuf rôti ?

5. Connaissez-vous une manière d'accommoder les restes de viandes ? — Dites-la.

LIVRE V
Jardinage.

XXXVIII. — Au jardin,

Rosine avait réussi la veille une excellente julienne. Tous ces légumes assortis, qui avaient bien mijoté* ensemble, faisaient vraiment une fameuse soupe.

— C'est bien commode en cette saison, dit Nanie. On a de tout. Le moment difficile, c'est l'hiver, quand il n'y a plus rien à prendre au jardin. Il est temps de songer aux provisions. Venez faire un tour dans les carrés de haricots.

Fig. 60. — Les petites étaient joyeuses de se rendre utiles.

Justement, il y avait toute une planche de soissonnais dont les plantes étaient complètement jaunes.

— C'est prêt à arracher, dit Nanie. Allons-y gaîment. Nous pouvons rentrer cela avant dîner.

Petites, je vais mettre une grande corbeille dans le chemin, vous nous aiderez à y entasser les plantes.

— Oh! oui, Nanie, crièrent Marthe et Toinette, ce sera très amusant.

— Est-ce que nous n'aurions pas plus vite fait de mettre les haricots dans nos tabliers, dit Rosine, au lieu de nous déranger pour les donner aux petites?

— Il faut bien occuper ces enfants, dit Nanie. Elle nous dérangeraient encore davantage si nous ne leur donnions rien à faire. Et puis il est bon de les habituer au travail. Madame Berthier y tient beaucoup.

Les petites, joyeuses de se rendre utiles, trottinaient déjà dans les petits chemins avec des airs importants.

Elles poussaient des cris de joie, à mesure que la bonne Nanie entassait les haricots dans leur tablier tendu, et elles disaient : Encore, encore ! tant qu'il n'y en avait pas jusqu'au menton.

Les petites auraient bien voulu écosser les haricots tout de suite. Mais Nanie dit qu'ils avaient besoin de sécher encore quelques jours en gousse.

D'ailleurs il valait mieux réserver ce petit travail pour un jour de pluie.

Au dîner, Nanie dit à M. Berthier qu'il y avait une grande planche vide au jardin.

— Si vous pouviez la travailler, monsieur, ce serait une bonne affaire de ne pas la laisser chômer.

— Tant que tu voudras, ma fille ! Je me charge de la retourner et de la fumer. Par exemple, ne compte pas sur moi pour le coup de râteau et le semis. Vous pouvez faire ces petites bêtises-là, vous autres femmes.

XXXIX. — LES SEMIS.

La belle terre brune, fraîchement remuée par la bêche de M. Berthier, faisait une grande tache sombre dans le jardin.

Rosine la regardait.

Elle pensait que c'était bien extraordinaire ce qui allait se passer dans cette terre.

On y allait déposer de petites graines toutes sèches.

Et voilà que de la petite graine sortirait une plante, une belle plante vivante qui grandirait, grandirait.

Comme c'est merveilleux, pourtant !

Rien que dans un petit coin de jardin il y a des

FIG. 61. — Nanie et Rosine travaillant au jardin.

choses plus admirables que les curiosités qu'on va quelquefois regarder pour son argent.

Cela rendait Rosine songeuse, et peut-être aussi la bonne odeur de la terre, tandis qu'elle attendait Nanie.

La jeune servante était allée demander à sa maîtresse ce qu'il fallait semer.

La tante Berthier avait toujours dans son armoire quantité de petits sacs de graines bien étiquetés.

Rosine rapporta des oignons blancs, pour deux tiers de la planche et de la mâche pour le reste.

— Il me tarde que cela « sorte », dit Rosine, lors-

qu'elles eurent fini de recouvrir soigneusement au
râteau les légères graines (fig. 61).

Nanie se mit à rire.

— Il faut être patient quand on jardine, dit-elle.

XL. — Un visiteur.

Ce n'est pas tout de semer au jardin de bonnes
graines.

Il faut encore enlever les mauvaises herbes, entre-

Fig. 62. — Elle alla à sa rencontre.

tenir les planches en bon état en *sarclant* souvent.
Rosine prit goût à ce travail comme aux autres ; elle
parvint très vite à distinguer des plants de légumes
le chiendent, la mercuriale *, le plantain * et autres
ennemis des jardins.

— Ah ! dit Nanie, y en a-t-il dans ces choux !

Rosine et elle sarclaient une planche de choux de Milan.

— Vous faut-il un aide? dit une voix d'homme jeune et claire.

Les deux jeunes filles, qui s'étaient absorbées dans leur travail, levèrent la tête.

— Pierre! cria Nanie.

Elle ne l'avait pas entendu venir par la petite allée du fond du jardin.

Elle alla à sa rencontre tandis qu'il approchait (fig. 62).

Il avait ôté son képi et la regardait un peu embarrassé.

— Bah! dit-il, puisque vous ne me tendez pas la main... il y a les joues.

— Bien sûr! dit-elle en avançant son visage.

Et Pierre mit deux baisers retentissants sur les joues de sa fiancée qui s'écriait :

— Quelle bonne chance de vous voir arriver!

— Ah! jusqu'au dernier moment j'ai eu bien peur. C'est pourquoi je ne vous ai rien écrit. Enfin, j'ai eu ma permission : huit jours! ça en fait six à passer au pays.

— Voilà un bonheur! dit Nanie.

— J'ai marché dur, par exemple! En descendant du chemin de fer, j'ai voulu faire l'économie de ma place au courrier. Et comme j'étais pressé d'arriver je n'ai pas moisi en route pour faire ces cinq lieues.

— Comme vous devez être fatigué! fit la jeune servante.

— Bah! ce n'est rien pour un soldat, ça. Je me suis bien restauré en arrivant chez mon tuteur*, l'ancien maître d'école, qui va me loger. Et puis, Nanie, ma chère Nanie, je vous vois et je ne pense plus qu'au plaisir que j'en ai.

Il serrait affectueusement le bout des doigts de la jeune fille et la regardait avec des yeux rayonnants.

— Gare ! cria-t-elle, j'ai les mains à la terre.

— Avec ça que je ne vais pas les y mettre aussi, moi !

Il faisait le geste d'ôter sa tunique.

— Il faut que d'abord vous fassiez connaissance avec une petite amie que j'ai là.

Fig. 63. — Elle appela Rosine.

Elle appela Rosine (fig. 63) et présenta l'un à l'autre son fiancé et la nièce de madame Berthier.

Rosine leva des yeux un peu intimidés sur l'honnête figure de Pierre, épanouie sous ses cheveux en brosse, mais très suffisamment guerrière avec sa moustache blonde.

Elle pensa : « Comme c'est gentil pourtant d'avoir un fiancé qui porte l'uniforme ! »

Mais elle ne pouvait pas trop lui dire cela ainsi à

brûle-pourpoint. Elle chercha quelque autre chose
qui pût être agréable au visiteur, et finit par dire :

— Monsieur Pierre, j'aime beaucoup Nanie.

— Ah ! bien, mam'zelle Rosine, dit le jeune soldat,
nous allons joliment nous accorder là-dessus.

Le brave garçon riait d'un air de satisfaction.

La glace était rompue.

Cinq minutes après, six mains sarclaient* à qui
mieux mieux les choux de la tante Berthier. Pierre,
la tunique bas et le pantalon rouge relevé sur la
guêtre, se retrouvait aussi bon travailleur qu'avant
son départ pour le régiment.

XLI. — TOUTE LA VIE.

— Ah ! certes, non, je n'en veux pas de leurs occupations à la ville. Revenir ici, c'est tout mon désir.

— Je suis contente de vous entendre dire cela,
Pierre. Moi non plus je n'aimerais pas retourner à la
ville ; j'y ai trop souffert avec ma pauvre maman
malade.

— Eh bien ! vous m'écoutiez tout à l'heure sans
me rien dire ! Fallait parler. Qu'est-ce qui serait
arrivé si j'avais annoncé, au contraire, que j'étais
dégoûté du village ?

— Rien du tout, Pierre. Vous savez bien que je
vous suivrais partout où vous voudriez aller.

La main de Pierre empoignait une touffe de chiendent, tout près d'une renouée* qu'arrachait Nanie, et,
ma foi ! le chiendent et la renouée eurent un peu
de répit, car les deux mains les lâchèrent pour se
rapprocher.

— Merci, ma bonne Nanie, murmura Pierre. Mais
vous savez bien aussi que jamais je ne déciderai de
rien sans votre avis. Au surplus, continua-t-il en
riant, nous sommes comme qui dirait toujours du
même avis ; ça simplifie les affaires.

— Maintenant ! dit Nanie, qui s'était relevée pour aller vider son tablier. Mais plus tard, Pierre... ?

— Comment, plus tard ? Plus tard, ce sera la même chose.

— On dit que non, fit-elle, un peu songeuse.

— Qui dit ça ?

— Les gens d'expérience. Ils prétendent que pour les fiancés tout est beau, mais qu'après le mariage, on se lasse vite d'être d'accord ; on ne pense plus à se plaire l'un à l'autre, et chacun montre ses défauts sans souci de faire de la peine.

— Que ces gens-là parlent pour eux, dit le jeune homme d'un air de mépris. Ce sont de pauvres cœurs. Ils ne savent pas être heureux, ils ne savent pas aimer toute leur vie.

Il avait passé son bras sous celui de la jeune fille et continuait avec chaleur en s'acheminant vers le banc, sous le tilleul :

— Oh ! ma chère Nanie, nous ne serons pas ce que disent ces gens, n'est-ce pas ? Quand nous serons mariés, ce sera notre devoir de nous plaire l'un à l'autre, comme c'est notre plaisir aujourd'hui ; vous me le rappellerez, Nanie, si je l'oubliais. Pourquoi ne serions-nous pas toujours heureux d'être l'un avec l'autre ? Cela nous rend si heureux, ce soir ! Est-ce donc plus difficile de s'entendre et de s'aimer que de travailler sans relâche pour s'enrichir, pour gagner des grades et tant d'autres choses encore ? Je veux me donner de la peine, Nanie, pour votre bonheur et pour le mien.

Ils s'étaient assis, et Nanie, la main dans celle de son fiancé, regardait le ciel sans répondre.

Elle pensait :

— Oh ! mon Dieu ! s'il pouvait penser ainsi long-temps, bien longtemps ! Ce serait si bon d'avoir du bonheur toute sa vie ! Dur travail, fatigue, pauvreté, je supporterai tout avec lui s'il m'aime. Mon Dieu, mon Dieu! j'ai mes défauts et il a les siens; faites, je vous en prie, que nous nous pardonnions beaucoup et que nous nous aimions toujours!

Quand elle sortit de sa rêverie pour sourire à son fiancé, qui la regardait affectueusement, elle s'aperçut que Rosine avait aussi quitté le carré de légumes et s'était assise sur la table, à une petite distance.

— Bon! dit-elle en se levant gaîment, voilà que nous donnons à cette petite l'exemple de rêver au lieu de travailler. Vite à la besogne! La terre a soif, le soir.

XLII. — Projets d'avenir.

Pierre arrosait à plein goulot les laitues et les chicorées (fig. 64), tandis que Nanie et Rosine faisaient tomber à la pommelle une pluie fine sur les derniers semis.

Fig. 64. — Pierre arrosait à plein goulot les laitues et les chicorées.

Une bonne odeur de terre mouillée et de belles-de-nuit ouvertes flottait dans le jardin.

La nuit était presque venue qu'on arrosait et babillait encore.

Pierre disait :

— Moi, l'air d'ici, la senteur de la terre, ça me grise. Dans un jardin ou dans un champ, je suis heureux comme le poisson dans l'eau. Il faut que je me lève à quatre heures demain pour aller labourer avec M. Berthier. Quelle chance, quand j'aurai fini mon temps, de reprendre mon travail chez lui !

— Qu'est-ce que vous me disiez qu'on vous avait proposé à la ville, Pierre ?

— Ah ! oui, je n'ai pas fini de vous raconter : un emploi pour des écritures !

— C'est vrai que vous écrivez très bien.

— Possible ! Le père Martinel y a assez pris peine, quand j'étais écolier, pour me donner une « belle main », comme il disait. Mais, bast ! j'ai bon poignet aussi et j'aurais honte de gratter du papier, moi, un grand gaillard robuste, quand je suis de force à mener la charrue au grand air de nos plaines. Les écritures, il faut laisser cela aux infirmes, aux malingres. Et puis, ce n'est pas gai pour deux sous, non ! de travailler dans ces bureaux sombres, où l'on étouffe. Moi, j'y périrais d'ennui. Vive le soleil et la besogne pour laquelle il faut se remuer ! C'est vrai que, si j'étais employé, j'aurais l'air d'un monsieur. Tenez-vous beaucoup à cela, Nanie ?

— Pas du tout ! dit Nanie en riant. J'aime mieux que vous ayez une blouse et l'air de vous bien porter.

— Parfait ! voilà que nous sommes encore du même avis. Je ne sais pas si c'est l'habitude de se tenir droit dans le rang, mais quand je vois ces pauvres écrivassiers au dos en arche de pont, ça me fait pitié. Je serais humilié de leur ressembler. Donc, Nanie, vous n'avez pas d'opposition à me voir revenir comme ouvrier chez M. Berthier ?

— Si ! dit Nanie plaisamment. Je préfère que vous vous engagiez à Chaminade.

— Le village à six lieues d'ici ? Merci ! Non, c'est à Chardosset que je veux travailler, économiser, et, le jour où nous aurons de quoi nous mettre en ménage, vous prendre pour femme, ma chère Nanie. Tenez ! si nous mettions nos fonds à l'achat d'un jardin maraîcher ? Ce sera une chose à voir.

PRÉCEPTES DU LIVRE V

Ce que tu peux faire au jardin.

248. Tu peux *biner**. Garde-toi de **froisser les racines** avec ton outil.

249. Tu peux *sarcler**. Apprends tout d'abord à bien distinguer les **mauvaises herbes**. *Arrache-les* de préférence après la pluie.

250. Tu peux *arroser*. N'arrose pas de **trop haut**. **Arrose en pluie** avec la pommelle, les plantes délicates, les semis. L'arrosage se fait **le soir** ou de grand matin. Au gros du jour, il *brûlerait* les plantes.

251. Tu peux *préparer les planches* et les plates-bandes en égalisant au râteau la terre travaillée et fumée.

252. Tu peux *semer*. Que tu sèmes en lignes ou *à la volée*, sème toujours **également**.

253. Tu peux *repiquer*. Fais un trou au piquet ; place le jeune plant. **Serre la terre** autour de lui. Arrose.

254. Tu peux *couper* les légumes : oseille, épinards, salade, etc. **Coupe bien net** et près de terre sans attaquer la racine.

255. Tu peux *arracher* carottes, navets, salsifis, etc.

256. Tu peux *récolter des graines*. Ne les cueille qu'à **complète maturité**.

257. Place-les dans de **petits sacs** étiquetés.

La culture des légumes.

Le petit tableau suivant te donne des indications très simples sur quelques légumes, le sol qui leur convient, l'époque des semis, etc. :

258. *Carotte.* — Terre **profonde,** bien remuée et fumée à l'avance. Semis à la volée de mars à juillet.

259. *Cerfeuil.* — Terre **à l'ombre.** Semis à la volée à toute époque de la belle saison.

260. *Chicorée amère.* — Terre **légère.** Semis à partir d'avril (en lignes). Couper souvent.

261. *Épinard.* — Terre **bien fumée.** Semis en ligne de mars à septembre. Arrosage abondant.

262. *Haricot.* — Terre **légère,** engrais bien consommé[1]. Semis en lignes en mai ; trois centimètres de terre au-dessus de la graine. Biner souvent. Arroser. *Ramer* les variétés qui l'exigent. En cueillant les fruits à manger en vert, éviter d'ébranler la plante. **Cueillir le soir** avant la fraîcheur ou le matin après la rosée évaporée.

263. *Lentille.* — Terre **maigre.** Semis mars-avril. Sarcler.

264. *Mâche.* — Terre **moyennement fumée.** Semis à la volée d'août à octobre.

265. *Navet.* — Terre **sablonneuse.** Semis clair de juin à septembre. Sarcler.

---

1. Engrais bien divisé, qui ne sort pas directement des étables et écuries, mais a séjourné dans la fosse à fumier.

266. *Persil.* — Semis en bordure ou à la volée de mars à août. Dure deux ans.

267. *Pois.* — Terrain **fumé** longtemps d'avance. Mêmes soins que le haricot.

268. *Céleri.* — Terre **bien fumée.** Semis d'avril à juin. Repiquer. Lier la plante et la *butter.*

269. *Céleri-rave.* — Terre **profonde** et humide. Semis en avril. Repiquer.

270. *Chicorée endive.* — Terre **légère.** Semis d'avril à juin. Repiquer. Lier par un temps sec.

271. *Chou.* — Terre **profonde,** fraîche et bien fumée. Une grande quantité de variétés se semant à des époques diverses. Repiquer à six semaines. Combattre les chenilles en saupoudrant de cendre à la rosée. Écheniller.

272. *Laitue.* — Nombreuses variétés. Semis à diverses époques. Repiquer les laitues qui doivent pommer. Repiquer la romaine qu'il faut lier. Arrosage abondant. Préserver des escargots.

La culture des fleurs.

273. Dans le **jardin potager,** toujours quelque place peut être réservée à la culture des *fleurs.*

274. Les **plantes grimpantes** : vigne-vierge, clématite, chèvrefeuille (qui poussent naturellement dans nos bois), jasmin aux fines petites fleurs blanches ne demanderont qu'à tapisser le mur de la maison ou à couvrir la tonnelle qui vous abritera pendant les chaudes journées d'été.

275. Le long des allées du jardin tu pourras **multiplier sans frais** les bordures de glaïeuls, d'iris, de primevères, de petits œillets blancs si tu as seulement de chacun deux ou trois plantes. Divise les touffes et plante à distance, en automne ou de très bonne heure au printemps.

276. Les rosiers, presque sans aucun soin, te donneront en masse leur riche moisson de fleurs. **Préfère** à tous le *rosier des quatre saisons*, robuste et toujours fleuri pendant la belle saison.

277. Pour l'automne, plante asters et chrysanthèmes; ils sont vivaces et peu délicats.

278. Mais ils n'ont pas de parfum. Au contraire, les belles-de-nuit, le réséda que tu sèmeras dès avril en petites touffes, répandront dans tout le jardin leur **délicieuse odeur.**

279. La verveine, joli petit arbuste, le géranium odorant, plante vivace que tu auras en pot pour la rentrer l'hiver, te donneront plusieurs années de suite leurs **feuilles parfumées.**

Plantes médicinales.

280. Quelques-unes des plantes qui croissent sans culture dans les jardins peuvent être utilisées comme **médicaments.**

281. Ainsi la *guimauve* qui est **émolliente***, la *mercuriale*, qui est **purgative***.

282. La *bourrache*, aux jolies fleurs bleues, donne une infusion excellente contre **la toux.**

283. La *camomille* est **stomachique***.

284. De même la mélisse, d'un si agréable parfum. C'est le **thé des campagnards.**

285. La racine de la *gentiane* servira à préparer de la tisane amère et **fortifiante** et du vin qui remplacera celui de **quinquina.**

286. Tu cueilleras et feras sécher les *fleurs de violettes*, celles de l'*aubépine*, les feuilles de la *ronce* (**rhumes, maux de gorge**).

287. Les feuilles du *tilleul*, celles du *sureau* donneront une tisane propre à **faire transpirer***.

288. La ménagère soigneuse recueille ainsi au jardin maintes choses qu'elle paierait **très cher** à la pharmacie.

Le jardin sur la fenêtre.

289. Tu n'es pas, fillette, parmi les heureux qui habitent la campagne? Peut-être, au lieu d'ouvrir sur les champs, les bois et les prairies, ta fenêtre ne te laisse voir qu'une rue de ville ou de faubourg.

290. Eh bien! sur cette fenêtre, crée toi-même un petit bout de campagne, **un jardin.**

291. Installe sur l'appui une **vieille caisse.** Perce le fond de quelques trous. Un jardinier, une fleuriste te vendront bien, sans trop vider ta bourse, du **terreau** pour remplir la caisse.

292. Là, tu vas faire tes **semis :** basilic, réséda, balsamine.

293. Le jardinier peut-être te donnera quelques touffes de pâquerettes, un pied de pensée, une ou deux boutures* d'œillet. Ou bien, de tes promenades toi-même tu rapporteras des plantes que tu auras soin d'enlever avec la motte de terre.

294. Quel plaisir de voir lever, croître et fleurir les plantes de **ton jardinet!** Quel plaisir surtout d'égayer par ces fleurettes, qui vont border votre fenêtre, le logis que tu habites avec les tiens! Tout le monde en **sera réjoui**. Et, si tu as un petit oiseau, il chantera plus joyeusement au-dessus de ce petit coin vert, cultivé par toi pendant les récréations, pour le **plaisir de tous**.

RÉSUMÉ (à réciter).

1. J'apprendrai à jardiner.
2. Je binerai, j'arracherai les mauvaises herbes.
3. J'arroserai les plantes de préférence le soir, à cause de l'ardeur du soleil.
4. Je préparerai les planches et je sèmerai les grains en ayant soin de répandre la semence également.
5. Je ferai les repiquages.
6. Je récolterai les légumes lorsqu'ils seront mûrs.
7. Je recueillerai des fleurs qui serviront à préparer des tisanes en cas de maladie.

Devoirs de rédaction. — 1. Quels sont les principaux légumes que l'on cultive au jardin?
2. Quels sont les soins à donner à la terre avant d'y jeter les semences? Et ensuite?
3. Parlez de la culture du chou, du haricot, de la lentille.
4. Quelles plantes, à part les légumes, peut-on cultiver au jardin pour lui donner de l'agrément?
5. Citez quelques plantes médicinales et dites leurs propriétés.
6. Que peut faire une petite fille qui n'habite pas la campagne?

LIVRE VI

Blanchissage.

XLIII. — LE CUVIER.

Une magnifique journée de septembre.

— Allons ! dit la vieille Mion, si cela dure, nous aurons beau temps pour notre lessive.

Mion prépare le cuvier, tandis que Rosine aide la jeune servante à trier le linge.

Dès la veille, le cuvier a été mouillé dans le bassin de la cour. Le voilà sur le trépied de bois. Un gros drap le garnit intérieurement.

— Eh bien ! mesdemoiselles, dit la vieille, puis-je commencer de donner la savonnée ?

Madame Berthier, au lieu de faire seulement tremper le linge dans l'eau avant de l'entasser dans le cuvier, recommande qu'on donne vivement à chaque pièce « un coup de savon ».

D'abord, cela faisait grogner la vieille Mion.

— Tout ça, c'est des *finocheries*, du temps perdu. Mais elle a vu que le linge ainsi préparé était bien plus vite nettoyé le jour du lavage. A présent, elle ne manquerait jamais de faire ainsi.

Rosine et Nanie ont mis le linge en tas.

Mion emporte d'abord le linge fin, peu abondant du reste, car, chez la tante Berthier, on le blanchit chaque semaine au savon et aux sels de soude. Puis, c'est le tour des chemises, des draps, enfin des torchons que Nanie range dans le cuvier à mesure qu'ils sont mouillés (fig. 65).

— C'est drôle, dit la petite fille. Moi, j'aurais mis les pièces les plus sales au fond, et vous faites juste le contraire. Pourquoi !

— Parce que j'ai toujours vu faire ainsi, répond Nanie du haut de son escabeau.

— Ce n'est pas une raison.

Nanie retire ses bras du cuvier et rit.

— Vous croyez?

— Certainement. Si l'on faisait les choses parce qu'on les a toujours

Fig. 65. — Nanie range le linge dans le cuvier.

vu faire, il n'y aurait jamais de progrès. L'inspecteur appelle cela la *routine*.

Nanie rit de plus belle, ce qui scandalise un peu Rosine.

Nanie s'en aperçoit et explique :

— Vous parlez aussi bien que M. l'inspecteur, petite fille. La routine est bien, je crois, une mauvaise chose. Mais pourtant il faut examiner, avant de changer pour le plaisir de changer. Il y a toujours une raison aux choses.

Rosine est un peu entêtée ce jour-là.

— Je ne vois pas de raison, répond-elle, pour faire couler la saleté des torchons sur le reste du linge.

— Eh bien! il y en a une pourtant : c'est qu'il faut mettre le linge le plus sale plus près du lit de cendres pour le mieux nettoyer.

Rosine ne dit plus rien.

Elle pense qu'en effet Nanie et toutes les femmes

qui ont mis la lessive avant elle ne se sont peut-être
pas trompées.

Le cuvier est presque plein. Sur le linge, on étend
le cendrier*. Puis Mion verse dessus l'épaisse couche,
de cendres de bois passées au tamis.

— Ouf! dit la vieille, en voilà encore une de mise.
A demain le coulage.

XLIV. — AU RUISSEAU.

Une bonne lessive comme au temps jadis dure trois
jours, chacun le sait.

Le second jour ne parut pas très intéressant à
Rosine.

Cependant, sur le conseil de Nanie, elle vint plusieurs fois regarder comment s'y prenait Mion.

Cela n'a l'air de rien le coulage d'une lessive. Pourtant il y faut de l'attention.

L'eau qu'on *donne*, c'est-à-dire qu'on verse sur les
cendres, doit être d'abord presque froide; puis chaude,
puis bouillante.

Si l'on donne trop chaud en commençant, le linge
jaunit.

Si on laisse refroidir, en restant trop longtemps
sans verser, la lessive ne sera pas bonne non plus. La
régularité est indispensable.

Mais on pouvait se fier sur ce point à la vieille Mion.
Le long du jour, en faisant le reste du travail, elle
n'oubliait jamais le cuvier, non plus que le feu à
entretenir sous la grande marmite pour chauffer l'eau
de lessive.

Aussi, quel beau linge propre on retirait du ruisseau le lendemain !

Ce fut pour Rosine un jour de réjouissance. De
grand matin, Mion et une autre femme, agenouillées
dans des caisses à trois côtés garnies de paille, bat-

taient, savonnaient, rinçaient dans l'eau bien claire
de la petite rivière (fig. 66).

Pierre et l'oncle Berthier avaient tendu des cordes
entre les peupliers dans la prairie.

FIG. 66. — Les lavandières au ruisseau.

Dès qu'une corbeille était pleine, Rosine et Nanie
mettaient le linge sur les cordes.

Puis il fallait le tourner, le secouer à mesure qu'il
séchait, passer la main dans les bas, dans les manches.
Il n'y avait pas une minute vide.

Vers onze heures, on put commencer à plier. Nanie

apportait des brassées de linge à Rosine, assise à terre avec les petites.

— Étirez-le bien surtout et que tout soit plié à droit fil.

Les piles de serviettes, de chemises, de mouchoirs s'amoncelaient. Et c'était blanc, sur la belle herbe verte du pré! Et cela sentait bon! On voyait bien qu'il n'y avait pas d'eau de Javel et autres drogues avec lesquelles les blanchisseuses de la ville brûlent le linge.

Pour les gros draps de toile rousse, lourds à secouer et trop larges pour les bras de Rosine, Nanie demanda l'aide de Pierre, qui travaillait dans un champ à côté.

La corbeille remplie, ils l'emportèrent à eux deux. Ils causaient à mi-voix tout en marchant. Rosine ne pouvait pas les entendre, mais elle pensa qu'ils parlaient d'un autre jour de lessive, le jour de leurs fiançailles*.

XLV. — DINER SUR L'HERBE.

— Que c'est bon de se reposer sous les grands arbres après le travail!

Ainsi pensait Rosine.

Étendue sur le dos elle regardait s'agiter sous le vent léger les petites feuilles luisantes des peupliers.

Quelques papillons jaune pâle voletaient encore çà et là.

Des pigeons traversaient l'azur sombre de la belle voûte arrondie sur la tête de la fillette.

Les petites babillaient en jouant dans un petit canal d'arrosage à sec. Des grillons poussaient leur cri monotone*, si doux.

On n'entendait pas d'autre bruit, car il était midi, il faisait chaud et les travailleurs étaient rentrés des champs pour le repas.

Les laveuses, un peu lasses, avaient posé le battoir. Tout à coup Rosine se releva.

Pierre et Nanie revenaient, le dîner dans un panier (fig. 67).

Là-bas, près de l'eau, ils donnaient à Mion et à sa compagne le bidon de soupe, le quartier de pain, le fromage, la bonne bouteille de vin qu'on mit au frais dans les roseaux.

— A nous, maintenant, criait Nanie en montant

Fig. 67. — Pierre et Nanie revenaient, le dîner dans un panier.

vers les peupliers. Votre tante a permis que nous dînions tous ici, nous les enfants.

— Ce bonheur !

Rosine était déjà sur ses pieds, fourrageait dans la corbeille.

— Oh ! que j'ai faim ! Que tout ce que vous apportez là a l'air bon ! L'excellente idée !

Les petites ne se sentaient pas de joie non plus de dîner sur l'*hèbe*.

Ce fut un délire.

Après dîner, on travailla de plus belle.

La lessive était grosse. Il y eut à secouer et à plier presque jusqu'à la nuit.

On revint en chantant, par un couchant qui empourprait le ciel.

Rosine, harassée et ravie, aurait voulu que ce fût souvent, bien souvent, jour de lessive.

PRÉCEPTES DU LIVRE VI

Le blanchissage.

295. Pour *blanchir* le linge, on le **savonne** ou on le **lessive**.

296. Le **savonnage** suffit pour les *petites pièces* qu'on lave à mesure et qu'on ne salit guère.

297. Le **lessivage** est nécessaire pour les *grosses pièces* — draps, chemises de toile forte — et pour le linge de cuisine.

Savonnage.

298. Trempe dans l'eau froide le linge à blanchir.

299. Savonne-le de gros en gros. **Rince**-le à deux ou trois eaux.

300. Savonne un seconde fois chaque pièce sur les deux faces *sans frotter*. Empile le linge dans un baquet de bois ou de grès.

301. Remplis le baquet d'eau bouillante et laisse tremper deux ou trois heures.

302. Frotte le linge sur une planchette lisse et dans les mains.

303. Rince parfaitement, jusqu'à ce que le linge ne rende plus d'*eau de savon*.

304. Tords avec précaution pour ne pas déchirer.

305. Étends sur des cordes très propres. Secoue souvent.

306. Tu peux aussi **passer** le linge **au bleu** avant de le sécher.

307. Pour les pièces très fines, qu'on ne peut guère frotter, faire bouillir dans la savonnade pendant une demi-heure.

La lessive.

1° Mettre la lessive.

308. La **meilleure lessive** est celle aux *cendres de bois*.

309. A défaut de cendres, employer du *carbonate de soude* et une petite quantité de potasse.

310. Tiens dans une cave ou un sous-sol frais le cuvier de bois destiné aux lessives.

311. Fais-le **gonfler dans l'eau** au moment de l'employer.

312. Place-le sur un tréteau.

313. **Mouille** et même **savonne** rapidement les *pièces à lessiver*.

314. Empile-les dans le cuvier en commençant par le linge fin et finissant par les torchons.

315. Recouvre d'un drap grossier et étends une couche épaisse de cendres de bois. Mouille.

2° Couler la lessive.

316. **Fais chauffer** de l'eau.

317. Place un seau ou une bonne sous l'ouverture pratiquée dans le cuvier.

318. Jette sur les cendres de l'**eau tiède**, puis chaude, enfin bouillante.

319. Dès que le cuvier ne coule plus, remets de l'eau sur les cendres.

320. La benne remplie, fais chauffer pour t'en servir de nouveau de l'eau qu'elle contient.

321. Cette opération se fait pendant toute la journée en vaquant au reste du travail.

322. **Conserve** de l'eau de lessive pour les nettoyages de cuisine.

3° Laver la lessive.

323. Le linge est enlevé du cuvier, placé dans des corbeilles ou des brouettes et porté au **lavoir.**

324. Il est savonné, frotté, battu, rincé.

325. **Étends**-le à mesure, en plein air et au soleil si possible.

326. Tourne, secoue, étire, plie.

Repassage.

327. Les draps, les grosses chemises, les torchons n'ont pas besoin d'être **repassés.**

328. **Mouille légèrement,** à la volée, deux heures à l'avance, le linge à *repasser.*

329. **Repasse** sur une couverture épaisse et un linge bien tendu.

330. Munis-toi d'un *poignée* en étoffe bien rembourrée et d'un vieux linge pour essuyer le fer.

331. Pose toujours à *droit fil* l'étoffe que tu

veux repasser. **Étends-la bien** avant le passage du fer.

332. Passe d'abord le fer **légèrement.**

333. Puis, la pièce étant bien en place et déjà lisse, appuie pour **sécher parfaitement.**

334. Plie avec soin.

Repassage à l'empois.

1° Empois cru.

335. Les devants de chemises d'homme, cols, manchettes, robes de jaconas, jupes blanches, etc., se repassent à l'*empois cru.*

336. Délaie l'amidon à froid.

337. Trempes-y l'objet à empeser.

338. Presse fort, roule dans un linge.

339. Repasse au bout d'une heure.

2° Empois cuit.

340. Les rideaux légers, les pièces en tulle, en mousseline, etc., se repassent à l'*empois cuit.*

341. Délaie l'amidon à froid.

342. Verse-le dans l'eau bouillante. Tourne jusqu'à ce que le liquide ne soit plus transparent.

343. *Plonge la pièce* dans l'empois tiède, **tords, fais sécher** entièrement.

344 Plonge dans l'eau froide. Exprime l'eau. Laisse sécher un moment. Repasse.

Nettoyage des étoffes de laine.

345. Lave les étoffes de laine au *savon noir* et à l'eau froide.

346. Roule dans un linge pour sécher à moitié. Puis repasse à l'envers.

RÉSUMÉ (à réciter).

1. J'aiderai ma mère dans le blanchissage du linge.
2. Je ferai les savonnages pour les petites pièces.
3. Je préparerai le linge à lessiver, j'aiderai à le disposer par couches.
4. J'apprendrai à laver les grosses pièces.
5. Je m'exercerai au repassage.

Devoirs de rédaction. — 1. Dites comment vous avez vu faire le lessivage du linge de la maison.
2. Si vous aviez à repasser une pièce à l'empois, une chemise d'homme, par exemple, que feriez-vous ?
3. Dites la manière de préparer l'empois : 1° cru ; 2° cuit.

LIVRE VII

Entretien du linge.

XLVI. — LA CORBEILLE DE TANTE BERTHIER.

La lessive avait été rentrée bien à temps.

Un gros orage était survenu.

Depuis trois jours il pleuvait sans cesser.

Peut-être, deux mois auparavant, Rosine se serait-elle beaucoup ennuyée par cette triste pluie.

Mais ce n'était plus la même petite fille qu'au début des vacances.

Maintenant elle savait s'occuper.

Toujours au jeu ou au travail, jamais elle ne restait oisive. Et, il faut le dire, si elle aimait bien à jouer, ce qui est de son âge, elle mettait aussi beaucoup d'entrain à travailler.

Tout est si intéressant quand on le fait avec goût, *en s'appliquant !* Et surtout ce métier de petite femme de ménage, si varié, de future petite mère de famille, dont elle avait tout doucement commencé l'apprentissage.

A chaque instant du nouveau !

Ce jour-là encore, la tante de Rosine venait de l'appeler pour visiter avec elle la corbeille au raccommodage.

Dame ! elle aurait été un peu effrayante — pour les paresseuses — la corbeille de madame Berthier.

Il y en avait des tas, des tas, de linge ! Mais au fond, moins de mal qu'on n'aurait cru.

La tante avait la bonne habitude de tout passer

dans les mains après chaque lessive ou savonnage et
d'arrêter au passage, pour les boucher bien vite,
jusqu'aux plus petits trous.

— De cette façon, disait-elle, ils n'ont pas le temps
de grandir; bonne affaire, car rien ne grandit pl s
vite qu'un trou si on le laisse faire.

Le dessus de la corbeille fut vite expédié (fig. 68).

Les *reprises* exi-
gèrent plus de
temps. Mais c'était
si utile à appren-
dre que la tante
Berthier donna,
sur ce point, une
longue leçon à sa
nièce.

Elle lui montra
comment il faut
choisir l'aiguille à
repriser suivant
la finesse du lin-
ge.

Le choix du fil,
qui ne doit jamais
être du fil tordu,

FIG. 68. — Le dessus de la corbeille fut vite
expédié.

la longueur de l'aiguillée donnèrent lieu aussi à des
explications.

Rosine les trouvait un peu longues, ces explications. Elle était impatiente de commencer.

— Un moment! dit la tante en souriant, rappelle-
toi qu'avant tout travail il faut *penser* et *préparer*. C'est
faute de réfléchir avant d'agir que tant de gens tra-
vaillent mal. Si tu fais marcher les doigts sans faire
aller d'abord la cervelle, tu ne seras qu'une piètre
couturière

La longue aiguille enfilée d'un long fil, Rosine put
enfin se mettre à l'œuvre.

Comme elle avait de bons yeux, elle réussit aisément, en s'appliquant à tenir toujours son aiguille entre deux mêmes fils de la toile et à prendre chaque fois dans l'autre sens deux fils sur l'aiguille en en laissant trois dessous.

— Très bien, dit la tante Berthier, en regardant l'ouvrage avant que Rosine tirât l'aiguille. Tire avec précaution, recommence dans l'autre sens comme qui trace des sillons à la charrue, et surtout laisse une *boucle de fil* à chaque extrémité de sillon.

XLVII. — LE TROUSSEAU DE NANIE.

Quand il fallut *croiser* la reprise à la seconde séance, Rosine fut émerveillée de voir la jolie petite fenêtre à mignons carreaux réguliers qui faisaient les fils entrelacés à la place du trou.

— Mais c'est très amusant de repriser ! s'écria la fillette.

Jusqu'alors le mot seul de *raccommodage* était pour elle un épouvantail.

Les draps de lit à *tourner* l'intéressèrent presque autant. Elle défit avec précaution le surjet du milieu et enleva les fils.

Puis la tante Berthier lui montra comment il fallait coudre à surjet les lisières * des deux bords.

Il n'y avait qu'un inconvénient à ce travail : c'est qu'il était très long. Ce surjet de drap n'en finissait pas. Pour ne pas lasser le beau zèle de Rosine, sa tante eut soin de diviser la tâche. On en vint à bout.

— A présent, dit un jour madame Berthier, tu es en état de coudre *du neuf*.

A « temps perdu », comme elle disait, Nanie faisait son trousseau *.

Rosine entreprit de l'aider.

Ce fut l'occasion d'apprendre les différents genres

de coutures, ourlets, couture rabattue, arrière-point, boutonnière, etc.

Avec quel zèle on travaillait pour garnir l'armoire de la future mariée !

Il n'y avait pas à confectionner moins de deux douzaines de chemises en bonne grosse toile. Rosine en fit trois pour sa part, et la dernière entièrement seule. C'était solidement cousu, quoique le point ne fût pas encore bien régulier. Comme Rosine avait eu soin de bien plier son ouvrage chaque fois qu'elle le quittait et de ne pas le laisser rouler de-ci de-là, les chemises étaient propres et pas trop fripées.

Mais ce qui plaisait beaucoup à la petite fille, c'était de faire des ourlets. Elle commença par de gros torchons communs; puis elle s'attaqua aux mouchoirs que Nanie marquait, aussitôt finis, de deux jolies lettres en coton rouge dans le coin. Les deux amies étaient contentes lorsque, au moment du coucher, une jolie pile de pièces terminées se dressait sur la table.

Rosine était ravie de rendre service à Nanie dont elle avait tant appris et qu'elle aimait chaque jour davantage.

XLVIII. — « AU REVOIR ! ».

Mais, hélas ! l'heure de la séparation était proche, les vacances touchaient à leur fin.

— Comment vais-je faire pour me passer de vous, chère Nanie ? disait parfois la fillette avec un soupir.

Certes, elle allait bien lui manquer, la calme et souriante figure de la jeune servante, toujours contente dans sa vie d'active travailleuse.

Pour se consoler, on parla du revoir.

La tante Berthier, très satisfaite de sa nièce, avait annoncé qu'elle passerait encore les vacances prochaines à Chardosset.

Marthe et Toinette en avaient sauté de joie.

Rosine se promit de beaucoup travailler à l'école pour mériter un si grand plaisir et reprendre l'année suivante son apprentissage de ménagère.

Elle avait le cœur bien serré, par exemple, et quel-

FIG. 69. — Le départ de Rosine. — Les adieux.

ques larmes prêtes à jaillir, en montant, le matin du départ, dans la jardinière de l'oncle Berthier (fig. 69).

Il lui en coûtait de quitter Nanie, les petites, sa bonne tante, même la vieille Mion, qui tenait Jeanjean et lui faisait faire ; « adieu, adieu ! » avec ses menottes.

Pourtant, tout au fond, elle se sentait heureuse, plus heureuse qu'à son arrivée ; elle avait appris bien des choses dans la chère maison dont tous les habitants, groupés à la fenêtre et sur la porte, la suivaient affectueusement du regard.

Quand la voiture s'ébranla, que le vent d'octobre lui fouetta le visage et qu'elle n'entendit plus Nanie et les petites lui crier : « Au revoir, au revoir »! il lui sembla qu'une autre voix s'élevait et murmurait doucement :

— « Courage, petite Rosine! tu es dans le droit chemin. La vie est bonne à qui veut bravement aimer et travailler. »

PRÉCEPTES DU LIVRE VII

L'entretien des vêtements et du linge.

347. Entretiens avec soin vêtements et linge.

348. Fais à mesure les *petites réparations.*

349. Remets les boutons, agrafes, attaches, etc. Couds-les solidement.

350. Refais les bouts de couture décousus.

351. Borde les robes et jupes dont le bord est *rongé.*

352. Répare les accrocs en enlevant une bande d'étoffe, en *reprisant* ou en posant une *pièce.*

353. Visite le linge après chaque blanchissage.

354. Tourne les draps dont le milieu commence à s'user, c'est-à-dire mets au milieu ce qui était sur les bords, en décousant le surjet pour en faire un autre qui réunira les lisières des bords.

355. Répare draps, chemises, torchons, etc., au moyen de *pièces* et de *reprises*.

356. Évite les pièces pour les nappes et serviettes, et n'y fais, autant que possible, que des **reprises**.

La pose d'une pièce.

357. Pour poser une *pièce*, choisis un morceau en rapport avec l'objet à raccommoder, quant à la finesse du tissu. Un morceau ayant **déjà servi**, pourvu qu'il soit encore **très solide**, vaudra mieux que du neuf.

358. Ne crains pas de couper des pièces **un peu grandes**. Si tu les mets trop petites, l'étoffe raccommodée se déchirera tout à côté.

359. Ta pièce coupée, **marque sa place** par des plis parfaitement droits.

360. Marque aussi un pli tout autour de la pièce.

361. Surjette ou couds à *point coulé* les deux premiers côtés.

362. Coupe la partie de l'étoffe que doit remplacer la pièce.

363. Fais les deux autres coutures.

364. Rabats avec l'étoffe sur la pièce.

Les reprises.

365. Les **reprises** se font avec des aiguilles longues et du fil ou *coton à repriser* (fil *plat*, c'est-à-dire non tordu).

366. Coupe l'écheveau de fil pour avoir de *longues aiguillées* toutes prêtes. Passe cet écheveau

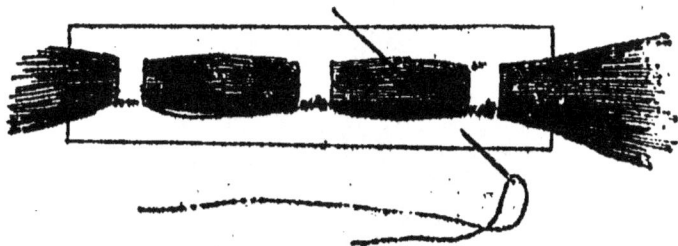

FIG. 70. — Aiguillées de fil.

dans une double boutonnière de papier pour qu'il ne s'embrouille pas (fig. 70).

367. Choisis sur le linge les deux fils de la *trame* entre lesquels tu vas passer.

368. Prends sur l'aiguille **deux fils** de *chaîne*, laisse **trois fils** de *trame*, prends deux fils de chaîne et ainsi de suite jusqu'à ce que toute l'aiguille soit engagée dans l'étoffe (fig. 71).

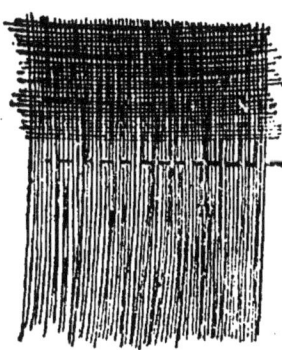

FIG. 71. — Reprise.

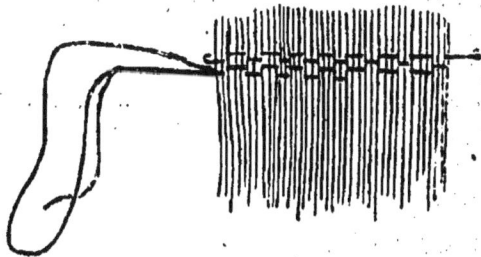

FIG. 72. — Reprise.

369. Tire l'aiguille. Reviens sur tes pas en laissant dessous les fils qui étaient dessus, et inversement.

370. Laisse une *boucle de fil* en tirant (fig. 72).

371. La partie mauvaise étant couverte, répète

la même opération dans l'autre sens, en **croisant les fils** (fig. 73).

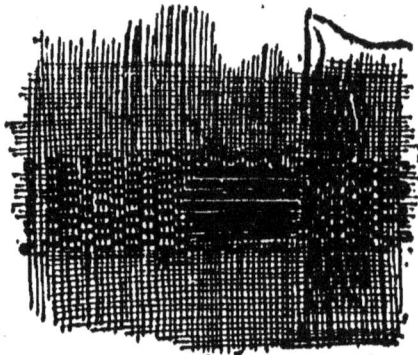

FIG. 73. — Reprise.

372. La reprise se fait sur un *clair* ou sur un *trou*.

373. Couvre toujours plus d'espace que le *clair*.

374. Ménage autour du *trou* des marges aussi larges en tous sens que ce trou.

Les diverses coutures.

375. *Ourlet.* — **Trace** *très droit* un premier pli, puis un second (fig. 74).

FIG. 74. — Ourlet (1re phase).

376. Fais le **point** qu'indique la figure (fig. 75).

377. Aie bien soin que le point soit **peu visible à l'endroit**.

378. Arrête le fils *sans nœud* en rentrant sous l'ourlet les bouts des deux aiguillées et faisant chevaucher quelques points.

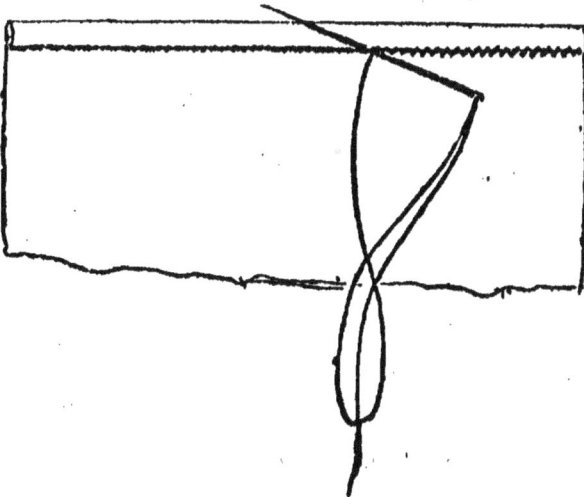

FIG. 75. — Ourlet (2e phase).

379. Termine avec soin par quelques points de surjet les ourlets de mouchoirs, serviettes, etc. (fig. 76).

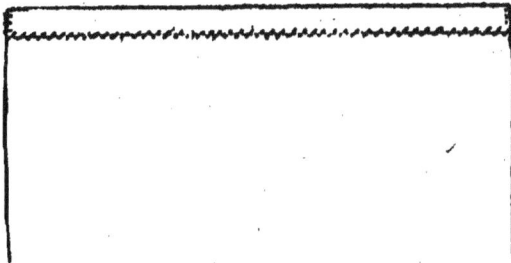

FIG. 76. — Ourlet terminé.

380. *Surjet.* — Mets **bord à bord** les deux pièces à surjeter.

381. Fais le point *à cheval* indiqué par la figure (fig. 77).

382. Que ton point soit bien au bord des deux

lisières et ne *morde* pas trop d'étoffe, afin que le surjet ne fasse pas bourrelet.

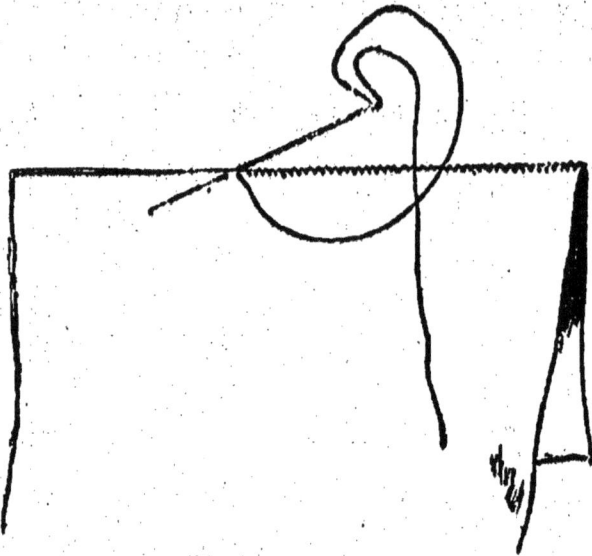

Fig. 77. — Surjet.

383. Ajoute le fil par chevauchage et **sans nœud,** ainsi que pour l'ourlet.

384. Le surjet fini, *écrase*-le, aplatis-le au dé ou avec l'ongle.

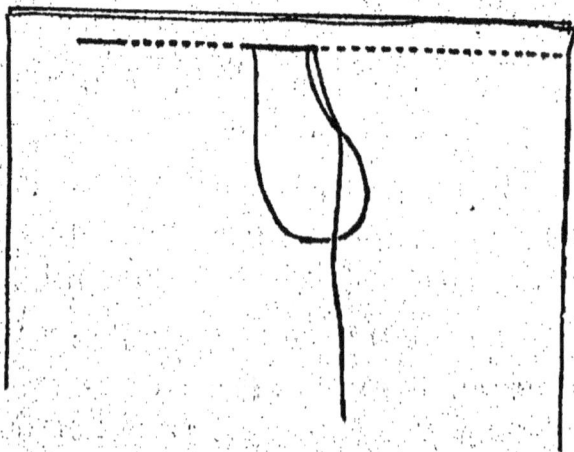

Fig. 78. — Point coulé.

385. *Point coulé, courant ou glissé.* — Fais le point indiqué par la figure (fig. 78).

386. Ce point sert à attacher les lés de jupe, à poser les pièces légères, etc.

387. *Point de côté.* — Indiqué par la figure. C'est le premier point de la *couture rabattue.*

388. *Couture rabattue.* — La couture préparée,

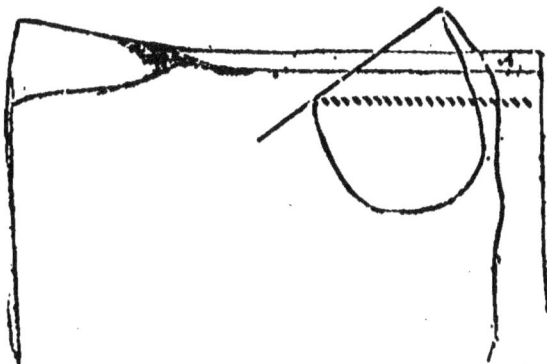

Fig. 79. — Couture rabattue.

comme l'indique la figure (fig. 79), bâtis-la exactement.

389. Fais un point de côté à un demi-centimètre du bord.

390. Rabats le bord A et couds à point d'ourlet.

391. *Arrière-point.* — Indiqué par la figure. C'est un point solide qui sert pour toutes les coutures qui doivent offrir de la résistance, entre autres pour les coutures de corsage quand elles ne sont pas piquées à la machine.

392. *Arrière-point rentré* ou piqué. — Indiqué par la figure.

393. Toutes ces coutures, sauf l'arrière-point rentré, se font **à l'envers.**

394. Dans toutes, applique-toi à obtenir la **régularité** du point.

RÉSUMÉ (à réciter).

1. J'entretiendrai avec soin les vêtements et le linge.
2. Je ferai à mesure les petites réparations.
3. Je borderai les robes et jupes et réparerai les accrocs.
4. Je visiterai le linge après chaque blanchissage.
5. Je ferai des reprises au linge, ou j'y mettrai des pièces.

Devoirs de rédaction. — 1. Dites comment vous vous y prendrez pour la pose d'une pièce.

2. Comment se fait une reprise ?

3. Citez les diverses coutures et dites leur emploi.

LEXIQUE

[Ce lexique ne contient que les mots marqués d'un astérisque (*) dans le corps de l'ouvrage et ne donne que le sens dans lequel ils sont employés].

Angleterre. Partie sud de la Grande-Bretagne, la plus grande et la plus riche des trois contrées qui composent le royaume britannique, 25 000 000 hab. Cap. *Londres*.

Apprentissage. Action d'apprendre un état; le temps qu'on met à l'apprendre.

Arc-en-ciel. Météore en forme d'arc de plusieurs couleurs résultant de la réfraction et de la réflexion des rayons solaires.

Basse-cour. Cour où l'on nourrit la volaille.

Biner. Donner une seconde façon aux terres, aux jardins.

Blanc d'Espagne. Craie friable, c'est-à-dire qui peut être facilement réduite en poudre.

Bouture. Jeune pousse d'une plante qui, étant mise en terre, prend racine.

Boy (prononcez boï). Mot anglais qui signifie garçon.

Buenos-Ayres. Capitale de la République Argentine (Amérique du Sud), 400000 hab. Port très commerçant à l'embouchure de la Plata.

Buis. Arbrisseau toujours vert; son bois.

Calicot. Toile de coton.

Cendrier. Pièce de toile grossière que l'on dispose sur le cuveau à lessive pour recevoir les cendres.

Charcutier. Qui prépare ou vend de la chair de porc.

Chèvrefeuille. Arbrisseau grimpant dont les fleurs exhalent une odeur agréable.

Clapoter. S'agiter en faisant un bruit particulier (se dit de l'eau).

Coccinelle. Genre d'insectes coléoptères appelés vulgairement *bêtes à bon Dieu*.

Corail. Sorte de polypier, dont le support calcaire de couleur rouge sert à fabriquer des bijoux.

Couvre-pied. Petite couverture pour les pieds.

Échine. Nom donné à la colonne vertébrale.

Élytres. Ailes extérieures, en forme d'étui, des insectes coléoptères.

Émollient. Qui a la propriété de ramollir les tissus, de diminuer les inflammations.

Faïence. Poterie de terre vernissée ou émaillée.

Feston. Broderie en forme de guirlande.

Fiançailles. Promesse de mariage.

Fiancé. Personne promise en mariage.

Fredonner. Chanter en fredonnant sans articuler.

Fuchsia. Plante d'agrément à fleurs pendantes en forme de clochettes.

Gaze. Étoffe transparente très légère.

Géranium. Plante dont le fruit a la forme d'un bec de grue.

Gouvernante. Femme chargée de l'éducation d'un enfant.

Jatte. Vase rond, ordinairement en bois, sans rebords et sans anse.

Lisière. Bord d'une pièce d'étoffe dans le sens de sa longueur.

Lustrine. Étoffe apprêtée et lustrée servant ordinairement de doublure.

Mercuriale. Genre de plantes utilisées en médecine comme purgatif.

Mijoter. Se dit d'un aliment qui cuit à petit feu.

Monotone. Trop uniforme, qui manque de variété.

Mousseline. Tissu de coton clair et très fin.

Nounou. Nom vulgaire donné à la nourrice. — *Nourrice.* Femme qui allaite l'enfant d'un autre.

Paquebot. Navire à vapeur, à marche rapide, servant au transport des lettres et des passagers.

Persienne. Sorte de volet composé de lames de bois disposées en abat-jour.

Phlébite. Inflammation des veines.

Piètre. Chétif et mesquin.

Plantain. Genre de plantes dont la graine sert à la nourriture de certains oiseaux.

Prayer-book. Livre de prières anglais.

Purgation. Action produite par un remède purgatif.

Renouée. Genre de plantes herbacées dont la tige a beaucoup de nœuds.

Sarcler. Ôter les mauvaises herbes d'une culture.

Saumure. Liquide salé dans lequel on conserve certains mets (viande, poisson, etc.).

Serre. Lieu abrité où l'on conserve les plantes des climats chauds et celles qu'on veut garantir du froid.

Sevrer. Cesser de donner à un enfant le lait de sa nourrice pour lui donner une nourriture plus forte.

Sommier. Sorte de matelas à ressorts servant de paillasse.

Stomachique. Qui est bon pour l'estomac.

Surjet. Couture pour unir bord à bord deux pièces d'étoffe.

Transpirer. Rendre par les pores de la peau une humeur aqueuse appelée *sueur.*

Trousseau. Les vêtements, le linge qu'on donne à une fille quand on la marie.

Turbulence. Caractère de celui qui aime le trouble, le bruit.

Varech. Plante marine.

Verveine. Sorte de plante d'agrément.

TABLE DES MATIÈRES

www.ingramcontent.com/pod-product-compliance
Lightning Source LLC
Chambersburg PA
CBHW051719090426

42738CB00010B/1984